ダイバーシティ経営と人材マネジメント

生協にみる
ワーク・ライフ・バランスと
理念の共有

勁草書房

佐藤 博樹 編著

ダイバーシティ経営と
人材マネジメント

生協にみる
ワーク・ライフ・バランスと
理念の共有

勁草書房

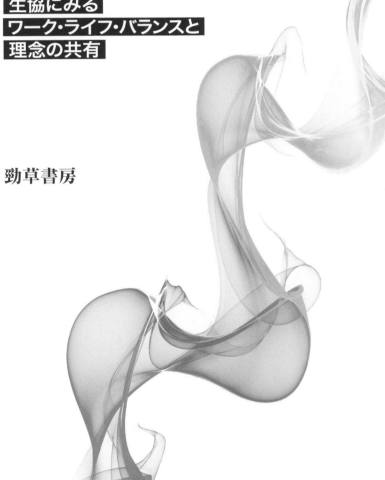

はじめに

　本書は，生協総合研究所に設置されたワーク・ライフ・バランス研究会における成果を研究書としてとりまとめたものである。研究会は，生協において人手不足と定着率の低さが重要課題となっている状況を受けて，生協職員が活き活きと働き続け，定着できる職場づくりのための具体策を検討するためことを目的として 2017 年 4 月に設置された。

　2017 年度には，日本生活協同組合連合会が地域生協を対象として実施した『人事労務実態調査』と『生協職員意識調査』の 2 つの個票データの 2 次分析と，地域生協の店舗で働く職員を対象としてヒアリング調査を実施した。2 次分析とヒアリング調査の分析結果は，生協総合研究所が刊行する『生協総研レポート』（No. 88）の「生協職員の働き方の現状と課題—ワーク・ライフ・バランス研究会 2017 年度の成果まとめ—」として刊行している。本書と合わせて参照していただきたい。

　本書が分析に利用している調査は，2017 年度の研究成果を踏まえ，2018 年度に 3 つの地域生協の協力を得て，各生協の店舗と宅配事業で働く職員約 6,000 名を対象として実施した『生協職員の仕事と生活に関するアンケート調査』である。アンケート調査とは別に，2017 年度に続けて 2018 年度にも生協で働く職員へのヒアリング調査を実施した。アンケート調査の実施方法や分析に利用している設問の内容などは，本書の付録を参照されたい。

　研究会の 2018 年度の成果に関しては，2019 年 10 月に開催された第 29 回全国研究集会で報告を行った。研究集会の概要は，『生活協同組合研究』（No. 528）の「生協職員が活き活きと働き続け，定着できる職場づくりのために：生協の未来を担う人材の確保と育成」として刊行されている。この全国研究集会における生協の皆さんとの議論は，本書の執筆に大いに役立つものであった。

　研究会の運営やアンケート調査の実施では，生協総合研究所の前専務理事の小方泰氏と現事務局長の小熊竹彦氏，日本生活協同組合連合会人づくり支援セ

ンターのセンター長スタッフの村田二三男氏に大変お世話になった。お三方の
サポートなくしては，今回の調査研究は実現できないものであった。また，こ
の場をお借りして，調査にご協力いただいた3生協とお忙しいなか，アンケー
ト調査にご回答いただいた職員の皆さんにお礼を申し上げたい。

　2018年度のアンケート調査の実査と分析では，労働調査協議会の加藤健志
事務局長と湯浅論研究員のお二人の研究サポートが極めて有益であった。本書
の刊行では，勁草書房編集部の宮本詳三氏に大変お世話になった。当初の刊行
予定時に出版できたのは，氏の進捗管理の手腕によるものである。

　最後に，本書が，ワーク・ライフ・バランス研究会の設置目的であった「生
協職員が活き活きと働き続け，定着できる職場づくり」に少しでも貢献できる
ことを期待している。

2019年12月　研究会を代表して

佐藤博樹（中央大学大学院戦略経営研究科教授）

目　　次

はじめに

序　章　ダイバーシティ経営と人材マネジメント ………………佐藤博樹　1

第1章　生協で働く職員の現状と課題………………小熊竹彦・近本聡子　9
　1. 生協の事業と特徴　9
　　1.1　生協（コープ）とは何か　9
　　1.2　生協の特徴　11
　　1.3　生協の種類　12
　　1.4　生協の理念・ビジョン　13
　　1.5　組合員から見た生協職員像　15
　2. 地域生協の概況と直面する労働上の課題　17
　　2.1　地域生協の概況　17
　　2.2　直面する人材活用上の課題と全国の生協の取り組み　18
　3. 生協職員のプロフィール　20
　　3.1　雇用形態　20
　　3.2　性別と年齢構成，勤続年数　20
　　3.3　世帯の状況　23
　　3.4　住まいと通勤時間　24
　　3.5　最終学歴と現在までのキャリアパス　25
　4. まとめ　27
　参考文献　28

第2章　多様な人材のマネジメントの課題…………………………佐藤博樹　29
　　　　──就業継続意思とワーク・ライフ・バランス──
　1. はじめに　29

2.　新しい「衛生要因」としての WLB や WLC に関する研究　31

3.　職員の就業継続意思とワーク・ライフ・バランス満足　33

　3.1　職員の就業継続意思と WLB 満足の現状　34

　3.2　職員の就業継続意思を規定する「WLB 満足」　36

　3.3　職員の「WLB」満足を規定する要因　42

5.　まとめ　48

参考文献　49

第3章　経営理念の浸透と上司のリーダーシップ実践が生協職員の
　　　　就業継続意思に与える効果
　　　　──組織コミットメントに注目して──
　　　　………………………………………………………… 島貫智行　51

1.　問題意識　51

2.　先行研究の検討と本章の分析枠組み　52

　2.1　就業継続意思の先行要因としての組織コミットメント　52

　2.2　組織コミットメントの規定要因としての経営理念の浸透および上司の
　　　　リーダーシップ実践　53

　2.3　生協組織を対象とした既存研究　55

3.　データとサンプル　57

4.　測定尺度　58

　4.1　経営理念の浸透度　58

　4.2　上司のリーダーシップ実践度　58

　4.3　組織コミットメント　59

　4.4　就業継続意思　59

5.　経営理念の浸透度および上司のリーダーシップ実践度　60

6.　経営理念の浸透・上司のリーダーシップ実践と就業継続意思の関係　62

7.　経営理念の浸透・上司のリーダーシップ実践と情緒的コミットメント
　　の関係　63

8.　経営理念の浸透および上司のリーダーシップ実践が就業継続意思に
　　与える効果　64

9.　経営理念の浸透・上司のリーダーシップ実践と就業継続意思の関係

　　　における情緒的コミットメントの媒介効果　66

　10.　まとめ　70

　参考文献　72

第4章　生協職員の就業継続意思に理念や社会活動が与える影響

　　　………………………………………………………小野晶子　75

1.　はじめに　75
2.　理論的枠組みと先行研究　76
　2.1　非営利組織としての生協　76
　2.2　非営利組織で働く人の動機と分析仮説　77
3.　使用する変数と予備的分析　79
　3.1　非営利組織固有の入職動機と現在評価　79
　3.2　入職動機と現在評価の高低でつくる4類型　81
　3.3　社会貢献活動の状況，属性等　83
　3.4　非営利組織固有の意識を持つ人の規定要因分析　85
4.　多変量解析による就業継続意思の分析　88
　4.1　分析　88
　4.2　結果　89
5.　まとめ　95
　参考文献　97

第5章　就業形態の多様化が職員の就業継続意思に与える影響

　　　――仕事満足度に注目して――
　　　………………………………………………………中村由香　99

1.　はじめに　99
2.　先行研究の検討と本章の分析課題　100
　2.1　正規雇用と非正規雇用の間の働き方の格差とその解消　100
　2.2　就業形態の多様化をめぐる新たな課題　101
　2.3　就業形態間の働き方の格差が就業継続に与える影響　102
　2.4　本章の分析課題　103
3.　データと変数　104

　　3.1　データとサンプル　104
　　3.2　分析方法と変数　104
　4.　生協組織における就業形態の多様化の概況　105
　5.　就業形態の多様化と仕事満足度の関係　107
　6.　就業形態の多様化と仕事満足度が就業継続意思に与える影響　110
　7.　まとめ　113
　参考文献　115

第6章　主婦パート職員の家庭内役割と自らの働き方の選択
　　　　　……………………………………………………………梅崎　修　119
　1.　はじめに　119
　2.　本調査のフレームワーク　121
　3.　調査生協の説明　122
　　3.1　事業内容と人員構成　122
　　3.2　正規職員登用制度　123
　　3.3　パート職員の賃金制度　124
　4.　調査概要　124
　5.　分析結果　127
　　5.1　語りの分類　127
　　5.2　エピソードの解釈　129
　6.　まとめ　138
　参考文献　139

第7章　性別役割分業意識が仕事と家庭に与える影響…………梅崎　修　141
　1.　はじめに　141
　2.　先行研究の紹介　142
　3.　就業形態別に見た女性職員の特性　144
　4.　性別役割分業意識とその影響　145
　　4.1　分析①　女性職員の性別役割分業意識　145
　　4.2　分析②　性別役割分業意識が働き方と家庭内分業に与える影響　149

5．まとめ　155

参考文献　156

第8章　キャリアパート職員のモチベーションを規定する要因
　　　　──肉声が語る「なぜ，ここまで頑張って来られたのですか？」──
　　　　………………………………………………………平田未緒　159

1．はじめに　159

2．調査対象　161

3．事例──キャリアパート職員の肉声　162

4．まとめ──これからのキャリアパート職員育成の方向性　179

付録　本書で使用する調査データの概要…………………………………183

1．本書で使用する調査データについて　183

2．『生協職員の仕事と生活に関するアンケート調査』の概要　183

3．調査対象とした生協の人事制度　184

序　章　ダイバーシティ経営と人材マネジメント

佐藤博樹

本書の問題意識

　日本企業の人材マネジメントでは，多様な人材の円滑な活用が最大の課題になっている。具体的には，雇用形態や属性の多様性のみならず，さまざまな就業志向や価値観を持った人材を受け入れ，こうした多様な人材が意欲的に仕事に取り組むことができ，それぞれが仕事を通じて経営成果に貢献できるようにすることである。この取り組みが，いわゆるダイバーシティ経営である。

　人材マネジメントとしてのダイバーシティ経営が成功するための鍵は，①多様な価値観を持った人材を経営目標に統合する「理念統合経営」，②多様な人材をマネジメントできる職場管理職の育成，③多様な人材の仕事へのコミットメントを支えるワーク・ライフ・バランス（WLB）支援の3つである。①は，多様な価値観を持った人材を受け入れ，かつ組織としての求心力を維持するためには経営理念の社員への浸透が極めて重要になることによる。②は，人材マネジメントを担うのは職場の管理職であり，その管理職が多様な部下をマネジメントできるかどうかが，ダイバーシティ経営定着の鍵となることによる。③は，仕事のみならず仕事以外にも取り組みたいことや大事にしたいことがある人材が増えた結果，仕事や組織へのコミットメントが，仕事要因のみならず，仕事と仕事以外の生活の両立を可能とするWLBの実現度に左右されることによる。

　本書は，上記の問題意識を踏まえて，小売業の中でも生活協同組合（生協）の店舗と宅配の事業に従事する多様な人材を対象とし，雇用形態別に職員の就業継続意思に影響すると想定されるWLB満足度，仕事満足度，職場のマネジメントを担う上司のリーダーシップのあり方，正職員転換制度などを取り上げる（第2章，第3章，第5章）。とりわけ生協は非営利組織として経営理念が担

う役割が大きいと想定されることから，生協における経営理念の職員への浸透
と就業継続意思との関係に着目する（第3章，第4章）。さらに，非正規職員の
中でも中核層を構成する女性パート職員を取り上げ，配偶者など家族内分業に
関する意識や実態との関係を含めて，仕事満足やキャリア志向を分析する（第
6章，第7章，第8章）。第8章では，パート職員の中でも職場の基幹的な業務
を担うキャリアパートの育成上の課題を検討する。

　本書は，小売業の中でも生協で働く人々を対象とした研究であるが，分析結
果は，他の小売業だけでなく，日本企業の人材マネジメントに対しても有益な
情報を提供するものと考える。

　以下では，各章の概要を簡単に紹介する。なお，本書の分析に利用する『生
協職員の仕事と生活に関するアンケート』の実施方法や分析に利用している設
問の内容などに関しては，付録を参照されたい。

各章の概要

　第1章「生協で働く職員の現状と課題」（小熊竹彦・近本聡子）では，本書で
分析対象とする「生活協同組合（以下，生協）」の概要と生協が直面している人
材活用上の課題を整理し，さらに『生協職員の仕事と生活に関するアンケー
ト』を利用し，生協で働く職員の特徴を紹介する。生協の事業内容は，購買や
共済，医療福祉など幅広いが，本書が研究対象とするのは，食品，日用品，衣
料品などの仕入れ・小売を行う事業のうち宅配と店舗で働く職員である。店舗
と宅配の職員の特徴を見ると，かつては職員の中核層を「男性正規職員」が担
っていたが，最近は，男女正規職員に加えて，パート職員，アルバイト職員な
ど多様な雇用形態で働く職員が増え，とりわけ「女性正規職員」と「男性パー
ト・アルバイト職員」が増加する傾向にある。つまり，生協の人材マネジメン
トでは，多様な雇用形態で働く多様な属性の職員を確保するだけでなく，就業
継続意思を高め，さらには意欲的に仕事に取り組めるようにする職場マネジメ
ントが求められていることがわかる。

　第2章から第5章では，多様な雇用形態の職員の就業継続意思に影響する要
因として，経営理念，リーダーシップなど管理職の部下マネジメント，労働時
間など仕事と仕事以外の両立を可能とするワーク・ライフ・バランス支援，仕

事満足度，正社員転換の機能などを取り上げる。また，第3章と第4章では，生協の経営理念と就業継続意思との関係に着目する。

　第2章「多様な人材のマネジメントの課題——就業継続意思とワーク・ライフ・バランス」（佐藤博樹）では，企業の人材マネジメントの課題の一つである就業継続意思を取り上げ，職員の就業継続意思とWLB満足の関係を検討する。分析では，生協職員のWLB満足の代理変数として仕事と仕事以外の「時間配分」に関する満足を取り上げ，WLB満足と実労働時間や有給休暇の取得の容易さなど働き方との関係を，男性正規職員，女性正規職員，男性パート・アルバイト職員，女性パート・アルバイト職員の4つの雇用区分別に明らかにしている。職員計では，WLB満足が職員の就業継続意思を規定し，WLB満足は，1日の拘束時間と有給休暇取得の容易さに影響されることが明らかになった。さらに重要な発見として，職員計や男性正規職員別，男女パート・アルバイト職員別のいずれでも「仕事内容・仕事のやりがい」満足が職員の就業継続意思にプラスに影響している。つまり，職員の就業継続意思を高めるためには，WLB満足に加えて，「仕事内容・仕事のやりがい」満足を高める取り組みが極めて重要となる。また，パート・アルバイト職員では，男女共通して，「上司との人間関係」満足が就業継続意思にプラスに影響している。パート・アルバイト職員の就業継続意思を高めるためには，職場の管理職によるパート・アルバイト職員との円滑なコミュニケーションの構築が重要になる。この点は，第3章での生協組織への就業継続意思を高める効果として，パート・アルバイト職員では，上司のリーダーシップ実践度の影響が経営理念の浸透度よりも大きいとの分析結果と対応する。

　第3章と第4章では，すでに述べたように生協の経営理念の職員への浸透に着目する。第3章「経営理念の浸透と上司のリーダーシップ実践が生協職員の就業継続意思に与える効果——組織コミットメントに注目して」（島貫智行）は，これまで生協組織では経営理念の浸透が組織運営の基盤とされてきたが，パート・アルバイト職員が増えるなど雇用形態の多様化が進むなか，現在も生協職員の就業継続意思の向上に対して経営理念の浸透が貢献しているかどうかを取り上げる。分析結果によると，第1に，正規職員とパート・アルバイト職員の双方とも，経営理念の浸透度が高いほど，また直属上司が部下に対して自生協

の方針や業務知識，経験等を伝えて情報共有を図り，部下への配慮や相談に乗るなど上司のリーダーシップ実践度が高いほど，生協組織への就業継続意思が高い傾向が確認された。第2に，経営理念の浸透度と上司のリーダーシップ実践度それぞれの職員の就業継続意思への影響度を分析すると，正規職員では経営理念の浸透度の影響が上司のリーダーシップ実践度よりも大きく，他方，パート・アルバイト職員では上司のリーダーシップ実践度の影響が経営理念の浸透度よりも大きいことが確認できた。第3に，正規職員とパート・アルバイト職員の双方とも，経営理念の浸透度が高いほど，また上司のリーダーシップ実践度が高いほど，情緒的コミットメントが高くなる傾向があり，生協組織への情緒的コミットメントの向上を通じて就業継続意思を高める効果があることも確認できた。以上を踏まえると，生協職員の就業継続意思を向上させるためには，経営理念の浸透や上司がリーダーシップ実践を図り，職員の情緒的コミットメントを向上させることが重要といえる。また，正規職員とパート・アルバイト職員が混在して働く職場においては，経営理念の浸透に加えて，リーダーシップに関わる上司の能力開発やスキル向上が重要な取り組みとなるといえる。

　第4章「生協職員の就業継続意思に理念や社会活動が与える影響」（小野晶子）では，生協職員がどのような非営利組織固有の意識を持ち，それが就業継続意思に影響しているかを分析する。また，地域活動やボランティア活動等の社会活動への参加の程度が，生協で働くうえでの非営利組織固有の意識や就業継続意思とどのように関係するかも検討する。分析によると，生協職員の継続就業意思には，非営利組織固有の意識が大きな影響を及ぼしていることが明らかになった。この点は，正規職員のみならず，パート・アルバイト職員も該当し，とりわけ非営利組織であることを選好して入社し，利他的意識が強い人は，入社後も継続就業意思が高いことが確認できた。他方，生協の経営理念や社会目的への共感などが入社時点に高くても，それが現在では低くなっている職員では，就業継続意思が大きく低下することが確認できた。つまり，入社時における生協の経営理念や社会目的への共感を，職員が入社後も維持できるように，職場の管理職などが支援することが極めて重要となる。他方，入社時に生協独自の経営理念や方針について理解や共感していなくても，入社後に理解や共感を高めることができれば，職員の就業継続意思が高くなることが明らかになっ

た。以上によると，正規職員やパート・アルバイト職員を含めて，就業継続意思を維持向上するためには，生協の経営理念の職員への浸透と持続の取り組みが極めて重要といえる。

　第5章「就業形態の多様化が職員の就業継続意思に与える影響——仕事満足度に注目して」（中村由香）では，雇用形態別に仕事満足度と就業継続意思の関係を分析し，正規職員，非正規職員のいずれにおいても仕事満足度が高い者ほど勤務先での就業継続意思が高いことを明らかにしている。また，勤務地や職域が限定されていない，いわゆる「無限定型」の正規職員に比べて，勤務地や職域などが「限定」されている正規職員の就業継続意思が高いことが確認された。そのため正規職員への「限定型」の雇用区分の導入・普及は，正規職員の確保・定着策として効果的だと考えられる。また，正規職員への転換希望を持つ非正規職員は，転換希望を持たない非正規職員よりも就業継続意思が高く，さらに非正規職員から内部登用された正規職員は，仕事満足度が高く就業継続意思も高い。つまり，正規職員への転換を希望する非正規職員を積極的に内部登用していくことは，就業継続意思の高い正規職員の増加に貢献しよう。したがって，正規職員への転換を希望していない職員に関しても，正規職員転換にメリットを感じることができるようにしたり，正規職員として働くイメージを持ちやすくしたりすることで，正規職員へと転換し職場に定着する可能性がある。

　第6章，第7章，第8章では，非正規職員の中核層を構成する主婦パートを取り上げる。その際，主婦パートの家庭内における役割にも着目する。

　第6章「主婦パート職員の家庭内役割と自らの働き方の選択」（梅崎修）は，女性パートが家庭内の役割と働き方の選択を決定する要因に関して，仕事と家庭の両立という課題を抱えている24名の主婦女性パート職員（離別を含む）へのグループ・インタビュー調査で分析する。主婦パートの多くは，結婚・出産を契機に専業主婦になっているが，労働供給の多様な制約や目的のもとで，パートとして働き始めたり，労働時間を増やしたりしている。主婦パートが直面している課題は，インタビュー調査によると，仕事も家事・育児も求められる「新・性別役割分業」の問題であることが明らかになった。多くの夫はフルタイム就労という時間的制約に加えて，家事・育児を手伝うことが少ないこと

が確認できた。共稼ぎ世帯でありながら，女性パートの夫は，一人稼ぎ専業主婦世帯の性別役割分業意識を持っているのである。夫の性別役割分業意識に対して，主婦パートは，批判的な意見を持っている者も多いものの，同時に彼女たちは，子育てに関しては強い規範意識を持っている。そのため子どものために働くし，育児にも手を抜かないという仕事と子育ての「二重負担」を強いられている。このことが，主婦パートが正規職員を希望しない大きな理由である。また，将来的にも正規職員転換を希望する主婦パートが少ないことには，同じ職場で長く一緒に働いてきた同僚主婦パートに対して，強い仲間意識を持っており，仲間である同僚を「管理する」側に回りたくないという意識が影響していることが確認できた。

　第7章「性別役割分業意識が仕事と家庭に与える影響」（梅崎修）によると，主婦パートの性別役割分業意識は，労働時間の増加希望には影響を与えないものの，性別役割分業意識の「愛情規範」は，正社員転換希望という質的変化に対しては負の効果を持つことが確認された。同時に，正社員に転換すると，労働時間だけでなく，仕事の内容が「管理する」側に変化するため，主婦パートで性別役割分業意識が強い人（弱い人）は，正社員を選択しない（選択する）ことになることも明らかにされた。さらに「家事・育児のやりがい」と「狭義の性別役割分業意識」が，職業生活満足と生活満足の両者に対して負の影響を及ぼしている理由は，性別役割分業意識が，仕事と家庭の両立に対して主婦のみに担わせるという「新しい性別役割分業」をもたらし，その結果，職業生活や生活満足を低下させていると解釈できよう。

　以上の第6章と第7章の分析を踏まえると，企業として女性パートの人材マネジメントを検討する際には，主婦パートが直面している労働供給の制約や目的（「仕事も育児も」という家庭内分担のあり方），夫婦間の関係や性別役割分業意識，さらに同僚への仲間意識などを十分に考慮する必要があるといえる。

　最後の第8章「キャリアパート職員のモチベーションを規定する要因」（平田未緒）は，パート職員の中でも職場の要であるキャリアパート職員に着目する。店舗運営の成否は，リーダーとしての役割を担えるキャリアパートの育成に依存するものの，キャリアパート職員の育成は簡単ではない。それは，女性パート職員は，キャリアを積む以前に離職したり，勤務時間や勤務時間帯を限定し

たりして働きたい人が多いことがある。さらに，第6章や第7章の分析にもあるように，女性自身がキャリアパート職員を「希望していない」背景には，本人の意思のみでなく，家庭内の「性別役割分業意識」が強く影響していることがある。また，女性が，キャリアパート職員を避ける一因として，リーダーとなれば，これまでパート同士強い仲間意識を培ってきた職場において「一人だけ外れてしまう」ことへの抵抗感もある。上記の課題の解消策を検討するために，「キャリアパート職員」およびその予備軍として働いている12名のインタビューを実施した。その結果によると，リーダー職を打診され，これを受け入れて「キャリアパート職員」として働くことになった要因として，次のような背景を抽出できた。具体的には，指示されたことをただやるのではなく「自ら考えて仕事ができること」，「上司や会社による直接的な教育・育成」，「仲間や家族からの応援」である。さらにリーダー職一歩手前の若手のパート職員では，男女にかかわらず仕事を通じた「自分自身の新たな可能性の発見」が，勤続を促しさらに成長意欲を高めていた。もちろん彼女たちがキャリアパート職員を選択するようになった動機は，上記のうちの一つだけではなく，複合的である。重要な点は，上記の要因は，パート職員に対する管理職のマネジメントに依存する部分が大きく，例えば，管理職がパート職員に対して「自ら考えて仕事ができる環境の提供」という「裁量性付与」や，「成長できる環境の提供」という「成長支援」などを行うことをあげることができる。管理職のマネジメントのあり方によって職場の中核を担うキャリアパート職員の育成の可能性が高まるのである。

　以上の分析結果は，すでに指摘したように，生協に働く正規職員や非正規職員だけでなく，多様な業種の人材マネジメントに参考になるものと考える。

第1章　生協で働く職員の現状と課題

小熊竹彦・近本聡子

1.　生協の事業と特徴

　本章では，「生活協同組合（以下，生協）」とは何か，その中心となっている地域生協の概要と，地域生協が直面している人材活用上の課題を明らかにする。また，『生協職員の仕事と生活に関するアンケート調査』結果を用いながら，生協で働く職員像（プロフィール）を概括する。

1.1　生協（コープ）とは何か

　生協は，消費者が暮らしの全般にわたって協同することを通じて，暮らしをより良くしていくことを目的とした協同組合である。利用者である消費者自らが出資して組合員となり，意思決定や運営に参画し，事業・活動を通じて，暮らしのニーズを実現することを目指している。

　日本の生協はすべて，消費生活協同組合法（以下，生協法）に基づいて設立・運営されているが，その第1条には次のように定められている。「この法律は，国民の自発的な生活協同組織の発達を図り，もって国民生活の安定と生活文化の向上を期することを目的とする。」

　日本では，さまざまな生協が事業・活動を行っているが，その中心となっている生協は，食品など日常生活に必要な商品を組合員に供給する「地域生協」である。地域生協は，週に1回，組合員宅をまわって注文された商品を配達する宅配事業と，食品中心のスーパーマーケットを展開する店舗事業を事業の大きな柱としている。生協は，「コープ（CO·OP）」という略称で呼ばれることがあるが，これは「協同組合」を表す英語のコーポラティブ（Co-operative）に由

来する。地域生協は，農協（農業協同組合，JA）や漁協（漁業協同組合）などと同じ協同組合の一つであるが，消費者が協同しているところが特色である。

　世界の協同組合が参加してつくられた国際協同組合同盟（International Co-operative Alliance，通称，ICA）は，1995年にイギリスのマンチェスターで開かれた大会において「協同組合のアイデンティティに関する声明」を報告・採択しており，この声明には次のように協同組合の定義・価値・原則が定められている。

協同組合のアイデンティティに関する声明

協同組合の定義
　協同組合は，共同で所有し民主的に管理する事業体を通じ，共通の経済的・社会的・文化的ニーズと願いを満たすために自発的に手を結んだ人々の自治的組織である。

協同組合の価値
　協同組合は，自助，自己責任，民主主義，平等，公正，そして連帯の価値を基礎とする。それぞれの創設者の伝統を受け継ぎ，協同組合の組合員は，正直，公開，社会的責任，そして他人への配慮という倫理的価値を信条とする。

協同組合の原則
　協同組合原則は，協同組合がその価値を実践に移すための指針である。
〔第1原則〕自発的で開かれた組合員制
〔第2原則〕組合員による民主的管理
〔第3原則〕組合員の経済的参加
〔第4原則〕自治と自立
〔第5原則〕教育，訓練および広報
〔第6原則〕協同組合間協同
〔第7原則〕コミュニティへの関与

（日本生協連訳）

1.2　生協の特徴

　生協は，外見的には，宅配や店舗など，一般の株式会社と類似した事業体のように見えるが，その組織の目的や運営は株式会社と大きく異なっている。株式会社の第一義的な目的は，経済的な利益の追求（営利）であるが，生協は，組合員のさまざまなニーズを実現していくことで，暮らしの向上を図ることを第一義的な目的とし，営利を目的としない組織である。組織の方針を決めるのは株式会社では株主総会であるが，生協では総代会（あるいは総会）である。株主総会の議決権は「1株につき1票」であるため，株式，すなわち資本を多く持っている株主の意向が方針決定に大きく影響する。これに対して，生協の総代会では出資金の多少にかかわらず，組合員は「1人1票」の議決権を持っている。

　また，株式会社では利益が会社の評価を決定し，株主への配当や株価が企業価値を決めている。これに対して，生協では一般に，会社でいう利益は「剰余」と呼ばれており，法定準備金や将来に備えた積み立てを行った後，総代会で承認を受けて，組合員に対する利用高の割戻しや出資配当が行われる。ただし出資配当は，生協法で年1割を超えてはならないと制限されている。

　さらに，生協は事業体であるとともに，よりよい暮らしの実現をめざして，多数の消費者が参加する社会的な運動体でもある。生協は全国で2,900万人が参加する日本最大の消費者組織であり，さまざまな公的機関や組織と連携して，消費者・市民の立場に立った新しい社会システムを提案し，その実現のために多様な取り組みを展開してきた。例えば，食品の安全を求める運動として，食品衛生法の改正，食品安全基本法の制定などにあたって，消費者の立場で政府に働きかける役割を果たしてきた。また，組合員活動や事業を通じて，福祉，環境保全，子育て，食育，防災など，安心して暮らせる地域社会づくりの取り組みを行っている。さらに，消費者被害を防止し消費者の権利を守る取り組み，環境保全やエネルギー政策の転換を求める取り組み，核兵器・戦争のない平和な社会をめざす取り組みなど，社会全体に関わる問題について，積極的に発言を行い，世論形成や社会的なシステムづくりに参加してきた。

　近年，全国の生協で，国連が2015年に提起したSDGs（持続可能な開発目標）の実現に向けた取り組みが広がり，生協の全国連合会である日本生協連

（日本生活協同組合連合会）は，2018年6月に開催された第68回通常総会で「コープSDGs行動宣言」を採択している。

コープSDGs行動宣言

○持続可能な生産と消費のために，商品とくらしのあり方を見直していきます
○地球温暖化対策を推進し，再生可能エネルギーを利用・普及します
○世界から飢餓や貧困をなくし，子どもたちを支援する活動を推進します
○核兵器廃絶と世界平和の実現をめざす活動を推進します
○ジェンダー平等（男女平等）と多様な人々が共生できる社会づくりを推進します
○誰もが安心してくらし続けられる地域社会づくりに参加します
○健康づくりの取り組みを広げ，福祉事業・助け合い活動を進めます

（全文は https://jccu.coop/activity/sdgs/）

1.3　生協の種類

　生協は組合員の暮らしに役立つさまざまな事業を行っているが，その中心は食品など日常生活に必要な商品を組合員が購入する購買事業である。購買事業は，主に宅配事業と店舗事業に大別される。購買事業のほか，暮らしの保障を行う共済事業や，介護保険事業を中心とした福祉事業を行っている。さらに，電気小売事業，冠婚葬祭事業，旅行事業など，多種多様なサービス事業も行っている。

　生協には，対象とする組合員や業種により，さまざまな種類の生協がある。

①地域生協

　地域生協は，都道府県単位を基本とし，宅配や店舗を通じて組合員に商品を供給（販売）している。生協法の第5条において「組合は，都道府県の区域を越えて，これを設立することができない」とされていたが，2008年に施行された改正生協法では，隣接都府県まで事業範囲の設定が可能となった。地域生協は全国すべての都道府県にあり，商品供給事業とともに，多くの生協で共済

事業や福祉事業などを行っている。

②職域生協

　職域生協は，もともと労働組合などを母体に働く人々を組合員とし，職場内で店舗（売店）や食堂を運営したり，職場単位で商品の共同購入を行っている。職域生協の中には，職場のみを活動の場とする職場職域生協と，職場に基盤を置きつつも，地域で店舗や宅配などの事業を展開している居住地職域生協がある。

③学校生協

　学校生協は，学校の教職員を組合員としている生協である。班（グループ）による共同購入をはじめとして，学校現場に商品を持って訪問する巡回や，指定した店で組合員価格で買い物ができる指定店制度などがある。

④大学生協

　大学生協は，大学の学生と教職員を組合員としている生協である。書籍や情報機器，日用品・食品などの供給，食堂の運営，共済，旅行などの事業を行っている。

⑤医療福祉生協

　医療福祉生協は，病院・診療所などでの医療事業や，介護事業所などでの福祉事業を行っている生協である。医療・福祉事業とあわせて，組合員による健康づくり活動などに取り組んでいる。

⑥共済生協

　共済生協は，共済を主な事業としている生協である。

　また，各地の生協は，共同で事業や活動を行うために，地域や事業ごとに連合会をつくっている。連合会には，①都道府県単位の連合会（県連），②地域ごとに共同で事業を行う連合会（事業連合），③全国単位で活動や事業を共同して行う連合会（全国連）がある。

1.4　生協の理念・ビジョン

　生協は，それぞれの生協で理念，ビジョンを持っている。さまざまな生協が参加している全国連合会の日本生協連では，1997 年に「生協の 21 世紀理念」

として「自立した市民の協同の力で　人間らしいくらしの創造と持続可能な社会の実現を」を掲げ，ほぼ10年単位で「日本の生協のビジョン」をまとめている。

　2011年にまとめられた「日本の生協の2020年ビジョン」は，10年後のありたい姿として「私たちは，人と人とがつながり，笑顔があふれ，信頼が広がる新しい社会の実現をめざします」を掲げ，具体的な取り組みを「ビジョンを実現するための5つのアクションプラン」に整理している。

　　アクションプラン1　ふだんのくらしへの役立ち
　　アクションプラン2　地域社会づくりへの参加
　　アクションプラン3　世界と日本社会への貢献
　　アクションプラン4　元気な組織と健全な経営づくり
　　アクションプラン5　さらなる連帯の推進と活動基盤の整備

　これら5つのアクションプランのうち，「アクションプラン4　元気な組織と健全な経営づくり」の中で，生協職員について以下のように記述されている。本書のタイトルである「ダイバーシティ経営と人材マネジメント」が，このビジョンがまとめられた2011年以前から意識されていたことがわかる。

　生協で働く誰もが元気に働ける職場づくり
　　生協の雇用形態，労務構成の多様化が進み，正規職員・パート職員・委託会社社員などが同じ職場で働くようになりました。組合員の期待に応え，満足度を高めるのは，現場の正規職員やパート職員，委託会社社員の力です。現場が働きがいを持って元気に仕事ができるマネジメント改革と現場リーダーの育成を進めます。生協で働く一人ひとりが協同組合の価値を学び，実践し，誇りを持って力を発揮できる仕組みづくりを進めます。雇用情勢の変化に合わせながら，正規職員・パート職員・委託会社社員などを適切に組み合わせて業務の効率化を進めます。

　多様な人びとが働きつづけられる組織風土
　　男女共同参画により女性職員の活躍の場を増やすことは，多様化する組合員

の潜在的なニーズを探る力を強化し，くらしに求められる商品やサービスの提
供，事業への貢献につながります。ワーク・ライフ・バランスの推進により，
男性中心の働き方を変え，女性も男性も元気に働きつづけられる組織風土づく
りが必要です。ポジティブアクション（積極的改善措置）を策定し，目標を持
って男女共同参画の取り組みを推進します。さらに，人種や性別，ハンディキ
ャップの有無など多様な人びとが一緒に働くことを職員同士が認め合い，助け
合える職場風土をめざします。

（「日本の生協の2020年ビジョン」より）

1.5　組合員から見た生協職員像

　生協の組合員は生協に出資し，生協を利用し，生協の運営に参加するという，
不可分な3つの性格を併せ持っている。とりわけ日本の生協は，組合員の運営
参加を大切にし，組合員に商品の学習や暮らし（家計）の見直しの場を提供し，
食品の安全をはじめとして，消費者・市民の社会的な要求の実現を求める組合
員活動を重視して取り組んできた。これらの取り組みが，日本の生協の中で独
特な組合員と職員の関係をつくり上げることにつながっており，それは組合員
から見た生協職員像にも反映されている。

　生協総合研究所が，2017年4月に日本生協連の組合員モニターを対象に行っ
た『あなたの働き方と，生協職員に関するアンケート』調査では，組合員のワ
ーク・ライフ・バランスの状況，組合員から見た生協職員の働き方についての
イメージなどを問い，組合員モニター4,664名のうち3,722名（79.8%）から有
効回答を得ている（この調査の概要については，近本（2019）に詳しい）。この調
査結果を見てみると，「生協職員に，営利企業とは異なる生協らしさ・特色を
感じることがあるか」との質問に対して，41.8%の組合員が「生協らしさを感
じる」と回答している。「わからない」が33.4%，「営利企業と違いがないと感
じる」が20.0%であるものの，4割を超える組合員が生協職員に「生協らしさ」
を感じている（図1.1）。

　また，生協職員についてのイメージでは「まじめ」「正直」「親近感がある」
のいずれの項目においても，「そう思う・ややそう思う」が7割を超え，「商品
知識がある」「生協教育を受けている」も6割弱となっている（図1.2）。

図 1.1　生協職員に，営利企業とは異なる生協らしさ・特色を感じることがあるか

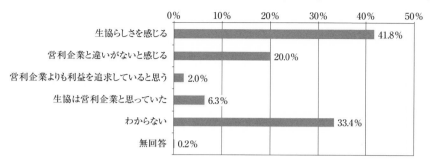

図 1.2　生協職員についてのイメージ

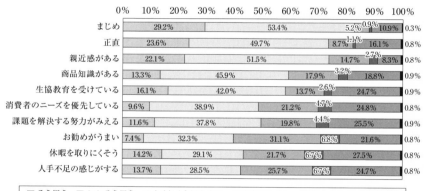

　さらに「今後，生協や生協職員には，どのようなことが必要と思うか」では，「組合員の話や要望をよく聞くことが必要」が 44.3％であり，「長く働ける待遇を整えることが必要」も 40.5％と 4 割を超えている（図 1.3）。さらに「女性職員を増加させることが必要」との回答が 16.0％であったほか，「協同組合は社会を変えるという高い志が必要」という回答が 14.0％と 1 割を超えた。

　このように生協の組合員は，職員に対して，生協らしく組合員の声や要望に耳を傾けそれに応えていくことを求めているほか，職員の労働環境の課題にも関心を持ち，その改善も求めていることがわかる。

図1.3　今後，生協や生協職員には，どのようなことが必要と思うか

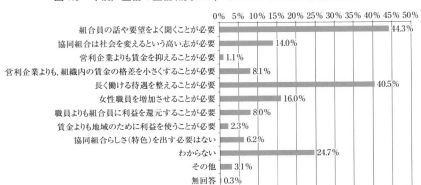

2.　地域生協の概況と直面する労働上の課題

2.1　地域生協の概況

　日本生協連の 2018 年度経営統計によると，日本生協連に加盟している地域生協（123 生協）の 2018 年度末の組合員数は 2,227 万人，地域における世帯加入率の全国平均は 38.1％ となっている（表1.1）。エリア内の世帯加入率が 50％ を超えているのは，北海道，宮城，福井，兵庫，宮崎の 5 つの道県である。

　全国的に見ると，組合員数はこの 10 年間で 343 万人と大きく増加（118％）しているが，世帯加入率は，2.8 ポイントしか伸びていない。これは，世帯加入率の分母となる日本全体の世帯数が，この間，大きく増加していることを反映している。日本全体の人口は減少を続けているが，単身世帯など少人数世帯が大きく増加し，世帯数は増え続けているからである。

　地域生協の総事業高は 2 兆 8,757 億円と緩やかに伸張している。このうちの約 8 割は食品となっている。日本の食品小売業全体に占める生協の食品供給高の比率は全国平均で約 5％ と推計されている。業態別に見ると，宅配事業が 1 兆 8,130 億円，店舗事業が 9,027 億円となっている。宅配事業は，着実に供給高を増やしているが，店舗事業の供給高はここ数年，横ばいが続いている。現在では，宅配事業は店舗事業の 2 倍近い事業規模となっている。

表 1.1 全国の地域生協の 10 年間の推移

年度	2009	2010	2011	2012	2013	2014	2015	2016	2017	2018
組合員数（万人）	1,884	1,923	1,975	2,009	2,047	2,093	2,137	2,179	2,187	2,227
世帯加入率（％）	35.3	35.7	36.5	36.1	36.6	37.1	37.5	37.9	37.7	38.1
総事業高（億円）	26,941	26,581	26,900	26,652	26,988	27,178	27,953	28,231	28,473	28,757
宅配供給高（億円）	16,089	15,954	16,345	16,402	16,714	16,967	17,493	17,731	17,910	18,130
店舗供給高（億円）	9,593	9,353	9,190	8,843	8,809	8,736	9,031	9,049	9,073	9,027
個配供給高（億円）	9,237	9,457	9,996	10,260	10,769	11,199	11,873	12,258	12,608	12,937
店舗数（店）	1,046	1,037	1,020	1,011	980	978	968	965	967	965

　宅配事業は 1970 ～ 80 年代に，班（グループ）への共同購入を中心に大きく発展してきたが，1990 年代以降は個人宅配（個配）が急速に拡大し，現在では個配供給が 1 兆 2,937 億円となっている。一方で店舗事業は，2000 年頃に 1 兆円，1,000 店舗を超えていたが，不採算店舗の閉鎖やスクラップ＆ビルドなどにより店舗数は減少傾向が続き，2018 年度は 965 店舗となっている。ただ，小規模の店舗を閉店し規模の大きな店舗を出店しているため，売場面積の全国合計では横ばいとなっている。

2.2　直面する人材活用上の課題と全国の生協の取り組み

　多くの生協で人手不足が深刻化しており，職員の欠員状況が続いている。宅配の配送や店舗の現場における人手不足は，生協組合員の新規加入促進の取り組みや共済への新規加入，商品のお薦め活動など，さまざまな面に影響を及ぼしており，事業の現場を支える職員の確保と定着が，極めて重要な課題となっている。

　それぞれの地域生協では，新卒採用において従来の選考過程を見直し，インターンシップ，職場説明会，大学生協と連携した就職説明会，応募者全員との面談など，さまざまな形で人材の確保のための取り組みを行っている。新人職員の定着のための施策の強化，定年延長や休職者の職場復帰支援など，職員が働き続けられる制度・環境の整備が進められている。

　さらに，多様化する職員が活き活きと働き続けられる組織づくりが重要な課題となっている。ライフステージに合わせて多様な働き方を可能にする制度づくりや，それらの制度を活用できる職場風土をつくるための学習会の開催等が

図 1.4　女性の管理職（課長級以上）と女性の正規職員の比率の推移

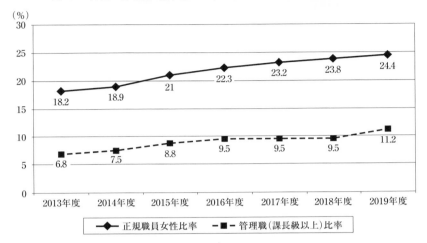

進められている。また，女性が働きやすい職場環境の整備も積極的に進められており，宅配現場での小型車両の導入や，女性だけの配送チームの編成などに取り組んでいる。その結果，2019年度における正規職員の女性比率は，24.4％と増加傾向になっている。他方で，管理職（課長級以上）の女性比率は11.2％と低く，女性の管理職への登用が課題となっている（図1.4）。

　さらに，高齢層の職員の活躍の推進や定年延長の実施・検討が進んでいるほか，障がい者の働きやすい職場づくりも進められており，全国の生協における障がい者の平均雇用率は約2.8％と法定を上回る水準となっている。さらに，人手不足を解消するため，食品加工工場や物流施設などに外国人の技能実習生を受け入れる生協も増えている。

　くわえて，職員のワーク・ライフ・バランスの確保や生産性の向上を図るため，同一労働同一賃金制度の導入，総労働時間の短縮や業務改善，職場コミュニケーションの推進，ICTによる業務の効率化など，働き方の見直しも進められつつある。2017年には，全国の生協の連合会である日本生協連に「全国生協・人づくり支援センター」が設置され，合同採用説明会を開催するなど，全国の生協が相互に連携して採用活動に取り組めるようにしている。また，職員

が他県へ転居した際に，転居先の生協でも働き続けられるよう人材をつなげる
システム（「人材コネクト」）や，幹部候補の育成や専門性の強化，生協間の相
互出向などの人事交流，若手職員や女性職員向けの交流会の実施など，地域生
協が連携・共同して人材の確保と育成に取り組んでいる。

3. 生協職員のプロフィール

　今回，3つの生協を対象に実施した『生協職員の仕事と生活に関するアンケ
ート』調査の結果は，概ね全国の地域生協の購買事業の現場を支えている職員
の状況を示している。調査結果の基本属性の結果から，店舗・宅配の現場で働
く生協職員像（プロフィール）を概括したい。

3.1　就業形態

　職員の就業形態（Q40）は，全体平均で正規職員が28.2％，パート職員が
38.7％，アルバイト職員が26.9％であるが，業態によって大きく異なっている
（図1.5）。店舗事業では，正規職員は8.6％に対して，パート・アルバイト職員
が83.8％と圧倒的多数になっている。これは流通小売業のスーパーマーケット
の一般的な状況と同じであると考えられる。これに対して宅配事業は，正規職
員が44.7％，パート・アルバイト職員が50.2％となっている。

3.2　性別と年齢構成，勤続年数

　性別（Q28）と年齢（Q29）は，就業形態によって大きく異なる。正規職員で
は，男性が83.3％と圧倒的多数であるのに対して，パート・アルバイト職員で
は，男女比が逆転して，女性が83.8％である（図1.6）。
　就業形態別の平均年齢は，正規職員が43.6歳，パート・アルバイト職員が
53.1歳で，パート・アルバイト職員のほうが高い（表1.2）。年代別の分布をみ
ると，パート・アルバイト職員は，正規職員では「30代以下」が39.2％と若年
層が4割程度を占めるのに対し，パート・アルバイト職員では「30代以下」
が11.5％と1割程度にとどまっている。（図1.7）。
　勤続年数（Q30）の平均は，正規職員が17.8年，パート・アルバイト職員が

図1.5　就業形態

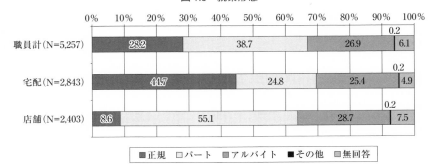

図1.6　性別

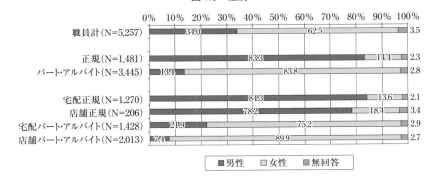

9.2年と, 正規職員の勤続年数のほうが長い (表1.3)。勤続年数の分布で見ると, パート・アルバイト職員では「15年以上」が19.7％であるのに対し, 正規職員では51.7％と過半数を占めている (図1.8)。性別で平均勤続年数を見ると, 男性のパート・アルバイト職員が5.6年と最も短く, 次に女性のパート・アルバイト職員の9.8年, 女性正規職員の11.0年, 男性正規職員の18.9年の順で長くなる。このように正規職員では, 女性よりも男性の勤続年数が長く, パート・アルバイト職員では男性よりも女性の勤続年数が長い傾向がある。

表 1.2　年齢の平均値と中央値

		平均値（歳）	中央値（歳）	N（件数）
職員計		50.2	51.5	4,808
就業形態	正規	43.6	46.5	1,439
	パート・アルバイト	53.1	54.5	3,152
性別・就業形態	男性正規	44.3	47.5	1,221
	女性正規	39.3	41.5	213
	男性パート・アルバイト	51.6	53.5	454
	女性パート・アルバイト	53.3	54.5	2,689

（注）　N（件数）には年齢の無回答者を除いた値を示している。

図 1.7　年齢構成

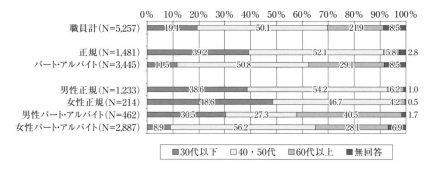

■30代以下　□40・50代　■60代以上　■無回答

表 1.3　勤続年数の平均値と中央値

		平均値（年）	中央値（年）	N（件数）
職員計		11.9	9.3	4,771
就業形態	正規	17.8	17.6	1,424
	パート・アルバイト	9.2	7.1	3,128
性別・就業形態	男性正規	18.9	21.0	1,210
	女性正規	11.0	10.3	210
	男性パート・アルバイト	5.6	4.0	440
	女性パート・アルバイト	9.8	8.0	2,680

（注）　N（件数）には勤続年数の無回答者を除いた値を示している。

図 1.8　勤続年数

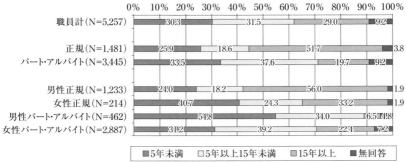

3.3　世帯の状況

　今回の調査では，職員の世帯構成の多様化が進んでいることも明らかとなった（Q31~33）。全体で見ると，「夫婦と子ども（既婚・有子）」世帯が 46.3％，「夫婦のみ（既婚・無子）」世帯が 22.0％，「ひとり親と子ども（単身，有子）」世帯が 6.1％，「単身（単身，無子）」世帯が 19.1％となっている。この状況は性別・就業形態によって大きく異なっている。男性正規職員と女性パート・アルバイト職員では，「夫婦と子ども」世帯が約半数と比率が最も高くなっているが，男性パート・アルバイト職員と女性正規職員では「単身」世帯の比率が最も高い。また「ひとり親と子ども」世帯の比率を見ると，女性正規職員で 19.4％と最も高く，次に「女性パート・アルバイト職員」で 8.8％と続く。このように男性職員よりも女性職員で，ひとり親で子育てをしている比率が高い傾向がある（図 1.9）。

　なお，既婚者（事実婚含む）を対象に尋ねた配偶者の職業（Q34）を見ると，配偶者が有職である共働き世帯は 73％，配偶者が無職である片働き世帯は 18.2％である。就業形態別に見ると，正規，パート・アルバイトいずれの就業形態でも，配偶者が有職である比率は 7 割程度である。性別で見ると，配偶者が有職である比率は男性よりも女性のほうが高い（図 1.10）。

図 1.9　世帯構造

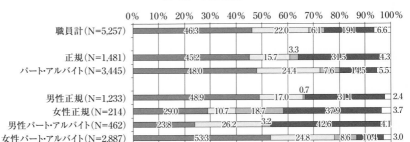

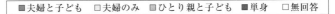

図 1.10　配偶者の職業

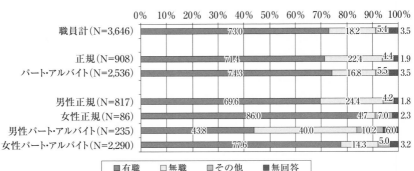

3.4　住まいと通勤時間

　現在の住居（Q36）について，職員全体で見ると持ち家が約6割（58.9%）であり，その約半数が「ローン返済中」となっている。性別・就業形態別に見ると，正規職員では女性よりも男性のほうが，パート・アルバイト職員では男性よりも女性のほうが持ち家比率が高くなっている（図1.11）。

　片道の通勤時間（Q38）は，パート・アルバイト職員で「15分未満」が57.9%と過半数を占め，「15分〜30分未満」の32.2%とあわせると，約9割のパート・アルバイト職員の勤務地が自宅から30分圏内である。一方で，正規職

図 1.11　現在の住居

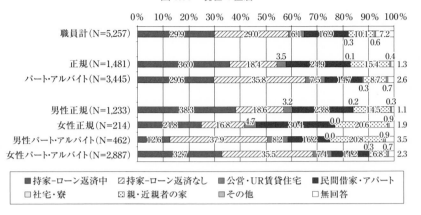

図 1.12　片道の通勤時間

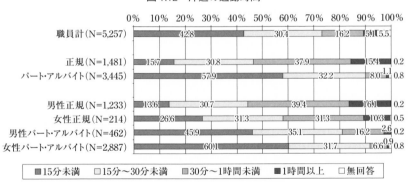

員では 30 分圏内の比率は 5 割弱（46.5％）であり，「30 分〜1 時間未満」が
37.9％，「1 時間以上」が 15.4％と，パート・アルバイト職員に比べて勤務地ま
での距離が遠い傾向がある。また，正規職員，パート・アルバイト職員とも，
男性のほうが女性よりも通勤時間が長い層の比率が高くなっている（図 1.12）。

3.5　最終学歴と現在までのキャリアパス

　最終学歴（Q39）を就業形態別に見ると，正規職員では「大学・大学院卒」

図 1.13　最終学歴

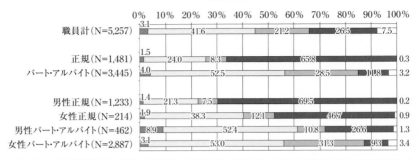

図 1.14　初職

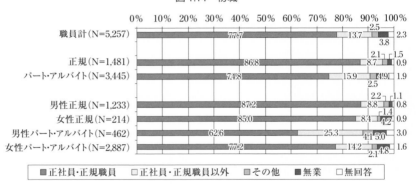

　が最も多く，約 3 分の 2（65.8％）を占める。一方，パート・アルバイト職員で
は「高校卒」が最も多く，52.5％である（図 1.13）。
　また，学校卒業後の初職（Q3A）を見ると，初職が「正社員・正規職員」で
あった比率は，正規職員で 86.8％，パート・アルバイト職員で 74.8％である
（図 1.14）。現在，パート・アルバイト職員として働いている人でも，初職が
「正社員・正規職員」だった人が 4 分の 3（74.8％）を占める。性別で見ると，
男性のパート・アルバイト職員よりも女性のパート・アルバイト職員のほうが，
初職が「正社員・正規職員」だった比率が高い。

図 1.15　正規職員として働き始めた時の入職経路

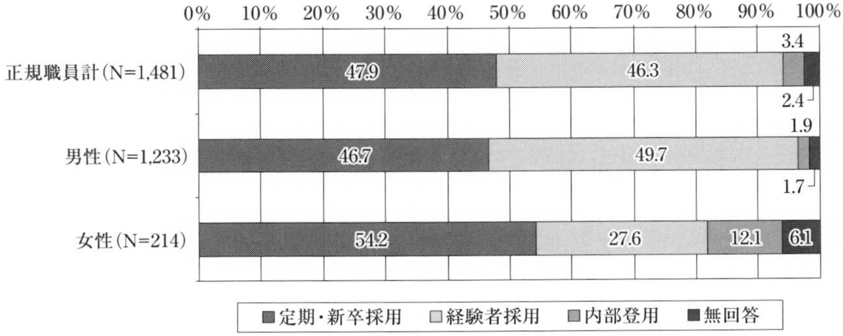

ちなみに，現在の生協で正規職員として働いている職員を対象に，正規職員として働き始めたときの入職経路（Q41）を尋ねた（図1.15）。正規職員のうち，「定期（新卒）採用」が47.9％，「経験者採用（中途採用）」が46.3％，パート・アルバイト職員などからの「内部登用」が3.4％となっており，「定期（新卒）採用」と「経験者採用（中途採用）」の比率が同程度である。性別で見ると，男性職員よりも女性職員で「定期採用」と「内部登用」の比率が高く，「経験者採用」の比率が低い。

4. まとめ

　以上，『生協職員の仕事と生活に関するアンケート』調査の結果から，店舗・宅配の現場で働く職員のプロフィールを概括してみたが，今日の生協は，あらためて多様な職員によって支えられていることがわかる。多くの生協が，その黎明期においては，「男性・正規職員」のみの職場であったが，今日では，正規職員，パート職員，アルバイト職員をはじめとして，さらに細分化された就業形態があり，かつては少数派だった「女性・正規職員」や「男性・パート・アルバイト職員」が，近年増加傾向にある。また，職員の世帯構成も多様化している。

　これら多様化する職員を，どうマネジメントし定着させていくのか。生協に

おいて職場マネジメントとダイバーシティ経営が求められている。

◆参考文献

近本聡子（2019）「2017 年組合員モニター調査からみえる女性のワークライフバランスの満足度」『分析レポート 2019 年 9 月号』公益財団法人生協総合研究所（http://ccij.jp/activity/pdf/bunseki_report_190904_01.pdf，2019 年 10 月 21 日最終閲覧）。

第2章　多様な人材のマネジメントの課題
──就業継続意思とワーク・ライフ・バランス──

佐藤博樹

1.　はじめに

　日本企業は，人材マネジメントとして，多様な人材を受け入れるだけでなく，多様な人材が活躍できる機会を用意し，仕事を通じた貢献を経営成果に結びつけるダイバーシティ経営を定着させることが不可欠な社会経済環境に直面している。その理由の一つは，労働力の供給構造の変化にある。具体的には，日本企業が，これまで無期労働契約の中核人材（いわゆる正規職員）として活用してきた「日本人男性で残業付きフルタイム勤務や転勤を可能とする」，いわゆる仕事中心の生活を受け入れてきた「ワーク・ワーク人材」が減少してきたことがある。今後は「ワーク・ワーク人材」だけでなく，仕事以外にも大事にしたいことや取り組む課題がある「ワーク・ライフ人材」など多様な人材を受け入れ，こうした人材が活躍できるようにする人材マネジメントが，日本企業に求められているのである（佐藤・武石 2010 参照）。

　「ワーク・ワーク人材」が減少し，「ワーク・ライフ人材」が増えてきた背景には，片働き世帯が減少し共働き世帯が増加してきたことや，男女共に職員の価値観が多様化し，仕事だけでなく仕事以外の生活を大事にしたいと考える者の増加がある。こうした結果，企業としては職員が仕事と仕事以外の生活を両立できるように支援すること，つまりワーク・ライフ・バランス（WLB）支援が，人材マネジメントの重要な課題となってきたのである。

　ところで企業による職員に関する WLB 支援というと，育児休業や短時間勤務，さらには介護休業など，仕事と子育てや介護の両立のための両立支援制度

が想定されがちである。企業としては，職員の WLB 支援のために，こうした両立支援制度の整備も必要となるが，それ以上に重要なのは通常の働き方や職場風土の改革である。例えば，残業が常態化した職場や時間をかけた働き方を当然視する職場風土があると，両立支援制度が利用しにくいだけでなく，両立支援制度の利用者がフルタイム勤務の働き方に戻ることが難しいことにもなる。例えば，短時間勤務からフルタイム勤務の働き方に戻ると，残業を期待され仕事と子育ての両立が難しくなる事態が生じるなどによる。こうしたことから，企業による WLB 支援では，両立支援制度の整備だけでなく，フルタイム勤務で残業を前提としたこれまでの働き方を改革することや，時間をかけた働き方を評価する職場風土の解消が求められている（佐藤 2019）。

　企業の人材マネジメントにおいて職員の WLB 支援が重要となることをさらに説明しよう。職員が WLB を実現できない状態はワーク・ライフ・コンフリクト（WLC）と呼ばれるが，職員が WLB を実現できず WLC に陥ると，仕事に意欲的に取り組めないだけでなく，最悪の場合は離職に至ることなど知られている（佐藤・武石 2010）。他方，企業の人材マネジメントの課題は，人材の確保や仕事意欲の維持向上，さらには人材の定着にある（佐藤・藤村・八代 2019）。したがって，職員が WLC に直面し，仕事意欲を低下させたり，離職したりすることがないように，職員が WLB を実現できるように支援することが，企業の人材マネジメントとして極めて重要な課題となる。

　以上を踏まえて，本章では，企業の人材マネジメントの課題の一つである定着管理のために，まず職員の就業継続意思を取り上げ，職員の就業継続意思と職員の WLB 満足の関係を分析する。この分析を踏まえ，職員の WLB 満足と働き方を規定する労働時間の関係を取り上げる。上記の分析枠組みを設定したのは，WLB 満足が，職員の就業継続意思の規定することが明らかになった場合，職員の就業継続意思を高めるためには，企業として職員の WLB 満足を高める人事施策が必要となり，そのためには職員の WLB 満足の規定要因を明らかにする必要があることによる。

　職員の WLB 満足の規定要因としては，前述の議論を踏まえて，両立支援制度だけでなく，通常の働き方を規定する実労働時間や有給休暇の取得の容易さなどに着目し，職員の WLB 満足との関係を分析する。なお，分析に利用する

個人調査には，職員の WLB 満足を直接尋ねた設問がないため，その代理変数として，仕事と仕事以外の「時間配分」に関する満足度を利用する。

　分析では，職員全体だけでなく，男性正規職員，女性正規職員，男性パート・アルバイト職員，女性パート・アルバイト職員の4つの雇用区分に分けて行う。このように職員を男女別かつ雇用区分別に分けて分析を行う理由は，雇用区分によって，就業継続意思や WLB 満足を規定する要因が異なり，企業の人材マネジメントとして重視すべき課題が異なると想定したことによる。なお，本章でもパート・アルバイト職員は，正規職員以外のパート職員とアルバイト職員をあわせたものである。

　データ分析に入る前に，先行研究を踏まえて WLB や WLC の内容を簡単に紹介しておこう。

2. 新しい「衛生要因」としての WLB や WLC に関する研究

　企業の人材マネジメントや職員の動機付けなどに関する先行研究を見ると，従来は仕事以外の職員の生活のあり方を視野に入れるものは少なかったといえよう。企業の人材マネジメントの対象となる中核層が，男女役割分業を前提として仕事を主に担う男性既婚者や男女の単身者を想定していたことによる。「生活関心の中心」（central life interest）が，仕事に置かれた職員を主に想定した人材マネジメントが行われていたのである。その結果，職員の仕事意欲を規定する動機付け要因に関する研究を見ても，勤務先企業が提供する報酬や管理職のマネジメントのあり方，さらには担当する仕事内容などに限定されていた。しかし前述したように，企業の人材マネジメントでは，職場で働いているときの職員だけでなく，仕事以外の生活の場における生活者としての職員を視野に入れる必要性が高まってきている。企業の人材活用におけるこうした視点の一つが，すでに説明したように職員の WLB 支援や WLC 解消という考え方である。ハーズバーグの衛生要因・動機付け要因の2要因理論を援用すれば，WLB あるいは WLC は「新しい衛生要因」と考えられる。つまり，WLB が実現できることで職員の仕事意欲が高まるわけではないが，WLC の状態になると職員の仕事意欲が低下したり，退職することを余儀なくされたりすることになる。

WLB が実現できていない WLC の状態を少し詳しく説明しよう。WLC とは，仕事領域における役割遂行と仕事領域以外における役割遂行の間の葛藤（役割間葛藤）に該当する。役割間の葛藤が生まれる原因として次の2つの要因が指摘されることが多い（Greenhaus and Beutell 1985）。

第1は，時間資源とエネルギー資源（体力，気力など）のそれぞれが有限であるため，仕事領域における役割遂行により多くの資源を割く必要が生じると，仕事以外の役割遂行に必要な資源を投入できなくなることによる葛藤である。逆に仕事以外の領域において資源を多く割く必要が生じることで，葛藤が生じることもある。稀少な資源の中では，「時間資源」が取り上げられることが多い（時間資源は有限で，1日は24時間，1週間は7日間など上限がある）。例えば，恒常的に長時間労働の職場で働いている職員は，仕事以外の領域，例えば家庭において担うべき役割を遂行するための時間を確保できず，本人が担うべきと考えている役割遂行が阻害され，葛藤を感じることになる。

第2は，仕事領域における役割遂行に求められる価値観や規範と仕事以外の領域における役割遂行に求められる価値観や規範が，対立したり矛盾したりすることによる葛藤である。例えば仕事領域では，効率性や合理性が期待されるのに対して，仕事以外の領域，例えば子育てでは，時間をかけ優しく接することが重視されることなどによる。

WLC の考え方は，仕事領域と仕事以外の領域が，資源の希少性や，それぞれにおける役割行動を支える価値観や規範が異なるため，葛藤が生じる可能性を想定している。しかし最近は，両者の間に葛藤が生じる可能性を踏まえたうえで，仕事領域と仕事以外の領域の両者の関係について，プラスの相乗効果を提起する研究も増えつつある。仕事役割のみでなく，同時に仕事以外でも家庭などにおける役割を担うなど，複数の役割を担うことが，個々人の精神的あるいは身体的な健康に貢献するとの主張である。仕事領域で獲得されたスキルが，仕事以外の領域で有効に活用されることで，仕事以外の領域の生活の質が高まるとする議論も，両者の間にプラスの相乗効果を提起するものである。こうした考え方はワーク・ファミリー・エンリッチメントと呼ばれる（Greenhaus and Powell 2006）。

さらに，仕事領域と家庭領域の両者の関係について，スピルオーバーという

概念が提起されている（高村 2014）。スピルオーバーには，仕事から家庭への影響（WTF）と家庭から仕事への影響（FTW）の2つがあり，それぞれ肯定的な影響と否定的な影響の2つがあるとされる。例えば，否定的な FTW として，夫婦間の不仲が仕事意欲を低下させることや，他方で，WTF の例として，会社での昇進が，夫婦の幸福感を高めることなどをあげることができる。

　以上のように WLB や WLC に関するさまざまな研究が行われているが，以下では，有限な「時間資源」に着目して，職員の就業継続意思と WLB 満足の関係を実証的に分析する。

3. 職員の就業継続意思とワーク・ライフ・バランス満足

　本節では，職員の就業継続意思と WLB 満足の関係を分析し，次に WLB 満足を規定する要因として時間資源に着目する。具体的には，労働時間の長さや有給休暇取得の容易さなど労働時間の実態と職員の WLB 満足の関係を分析する。想定する仮説は下記の2つで，職員全体での分析に加えて，男性正規職員，女性正規職員，男性パート・アルバイト職員，女性パート・アルバイト職員の4つ雇用区分別に，それぞれの仮説が該当するかどうかを確認する。

仮説1　WLB 満足が高いことは，職員の就業継続意思を高めることにつながる。

仮説2　労働時間の長いこと，土日曜出勤の頻度が多いこと，有給休暇取得が容易でないことは，職員の WLB 満足を低下させる。

　仮説1と2が実証されると，職員の就業継続意思を高めるためには，企業として労働時間の長いことや土日曜出勤が多いことを解消したり，有給休暇取得を容易化したりするなどを通じて，職員の WLB 満足を高めることが重要となる。

3.1　職員の就業継続意思と WLB 満足の現状

職員の就業継続意思

　分析の取り上げる職員の就業継続意思の現状を確認しておこう。職員の就業継続意思に関する質問（Q12）は，「あなたは，勤務先の生協に今後も勤め続けたいと思いますか」と尋ね，「そう思う」「どちらかといえばそう思う」「どちらかといえばそう思わない」「そう思わない」の 4 段階の選択肢で回答を求めている。職員計，男女正規職員別，さらに男女パート・アルバイト職員別に回答結果を示したのが表 2.1 である。

　職員計では，「そう思う」が 32.5％，「どちらかといえばそう思う」が 43.6％で，両者の合計した〈就業継続意思有〉は 76.1％で，職員全体で見た就業継続意思は高いといえよう。
男女正規職員別および男女パート・アルバイト職員別に〈就業継続意思有〉の比率を見ると，男性正規職員 68.5％，女性正規職員 77.6％，男性パート・アルバイト職員 74.5％，女性パート・アルバイト職員 80.9％となる。いずれの雇用区分でも〈就業継続意思有〉の比率が高いが，4 つの雇用区分を比較すると，男性正規職員で低く，女性パート・アルバイト職員で高くなる。

職員の WLB 満足

　すでに説明したように WLB 満足に関しては，仕事と仕事以外の「時間配分」に関する満足度を代理変数として分析に利用する。時間配分の満足度に関する設問（Q11）は，「あなたは，仕事をする時間とそれ以外の生活時間の「時間配分」に満足していますか」と尋ね，「満足している」「どちらかといえば満足している」「どちらともいえない」「どちらかといえば不満である」「不満である」の 5 段階の選択肢で回答を求めている。回答結果は表 2.2 のようになる。

　職員計では，「満足している」が 18.3％，「どちらかといえば満足している」が 29.8％，「どちらともいえない」が 26.0％，「どちらかといえば不満である」が 17.2％，「不満である」が 7.9％となった。「満足している」と「どちらかといえば満足している」の合計を〈WLB 満足〉とするとその比率は 48.1％で，「どちらかといえば不満である」と「不満である」の合計を〈WLB 不満足〉とするとその比率は 25.1％になる。職員計では，その約半数が WLB に満足し，

表 2.1　就業継続意思の単純集計結果

（単位：％）

	そう思う	どちらかといえばそう思う	どちらかといえばそう思わない	そう思わない	無回答	回答者数
総計	32.5	43.6	15.0	7.4	1.4	5,257
正規職員計	28.2	41.6	17.8	12.0	0.5	1,481
男性計	28.6	39.8	18.4	12.9	0.2	1,233
女性計	25.2	52.3	14.5	7.9	0.0	214
パート・アルバイト職員計	34.8	45.1	13.6	5.3	1.2	3,445
男性計	33.8	40.7	16.0	8.4	1.1	462
女性計	35.0	46.0	13.1	4.8	1.1	2,887

表 2.2　WLB 満足（仕事とそれ以外の生活の「時間配分」への満足）の単純集計結果

（単位：％）

	満足している	どちらかといえば満足している	どちらともいえない	どちらかといえば不満である	不満である	無回答	回答者数
総計	18.3	29.8	26.0	17.2	7.9	0.9	5,257
正規職員計	8.7	17.9	27.1	28.8	17.2	0.3	1,481
男性計	8.6	18.1	27.4	28.2	17.5	0.2	1,233
女性計	8.9	18.7	25.2	31.8	15.4	0.0	214
パート・アルバイト職員計	22.5	35.4	25.5	12.4	3.6	0.6	3,445
男性計	32.0	27.1	23.4	12.6	3.9	1.1	462
女性計	21.0	36.7	25.8	12.6	3.5	0.5	2,887

他方で 4 分の 1 が WLB に不満となる。

　さらに，男女正規職員別および男女パート・アルバイト職員別に〈WLB 満足〉の比率を見ると，男性正規職員 26.7％，女性正規職員 27.6％，男性パート・アルバイト職員 59.1％，女性パート・アルバイト職員 57.6％となる。これによると，パート・アルバイト職員に比較し，男女共に正規職員の〈WLB 満足〉が低いことがわかる。

　上記を踏まえて，まず職員の就業継続意思と WLB 満足との関係を分析し，次にそれを踏まえて，職員の WLB 満足と労働時間の実態との関係を検討する。ぞれぞれの分析は，就業継続意思や WLB 満足を被説明変数とする重回帰分析による。

3.2　職員の就業継続意思を規定する WLB 満足

　表 2.3 は，被説明変数を就業継続意思とした重回帰分析で，職員計に加えて，男性正規職員，女性正規職員，男性パート・アルバイト職員，女性パート・アルバイト職員の４つの雇用区分別に分析結果が一覧できるようにしている[1]。自由度調整済み決定係数（R^2）や F 検定の結果によると，各分析モデルは有効といえる。職員計のみ正規職員ダミーと男性ダミーを説明変数に含めている。被説明変数と説明変数の記述統計量は表 2.4 のようになる。重回帰分析では，被説明変数の就業継続意思は，「そう思う」（+2），「どちらかといえばそう思う」（+1），「どちらかといえばそう思わない」（−1），「そう思わない」（+2）に変換し，説明変数の「WLB」満足（Q11）や仕事や労働条件に満足の設問（Q2）の回答は，「満足している」（+2），「どちらかといえば満足している」（+1），「どちらともいえない」（0），「どちらかといえば不満である」（−1），「不満である」（−2）に変換している[2]。

　以下では，原則として 5% 水準までで統計的に有意となった変数の標準化回帰係数を取り上げる。

職員計の特徴

　職員計で，回答者の属性で統計的に有意となった変数の標準化回帰係数を見ると，担当職ダミー[3]と男性ダミーがマイナスで，年齢がプラスとなる。つまり，加齢によって就業継続意思が高まり，他方，管理職等[4]に比較して担当職

　1）表 2.3 と表 2.5 と分析対象者に差が少ないため，両者の分析対象差を対応させていない。
　2）就業継続意思と「WLB」満足の２つの変数は，調査票の選択肢を本文のように変換して分析を行っている。ただし，変換しない分析と分析結果の係数は同じである。
　3）担当職ダミーは，担当職に 1 を，管理職とその他を含めた担当職以外に 0 を割り当てている。
　4）以下では，管理職等は，管理職と担当職以外のその他を含むが，管理職が主となるため，管理職等と略す。

表 2.3　職員の就業継続意思に関する重回帰分析

モデル	職員全体 標準化係数 ベータ	職員全体 有意確率	男性正規職員 標準化係数 ベータ	男性正規職員 有意確率	女性正規職員 標準化係数 ベータ	女性正規職員 有意確率	男性パート・アルバイト職員 標準化係数 ベータ	男性パート・アルバイト職員 有意確率	女性パート・アルバイト職員 標準化係数 ベータ	女性パート・アルバイト職員 有意確率
（定数）		0.855		0.925		0.788		0.530		0.020 *
年齢・歳	0.145	0.000 ***	0.113	0.000 ***	0.254	0.018 *	0.125	0.048 *	0.154	0.000 ***
既婚ダミー	0.017	0.263	0.023	0.420	-0.056	0.485	-0.007	0.916	0.042	0.029 *
小3以下子供有ダミー	-0.010	0.518	-0.040	0.142	-0.010	0.893	-0.048	0.325	0.022	0.253
大卒ダミー	0.014	0.457	0.006	0.836	0.119	0.200	-0.004	0.940	0.011	0.569
宅配ダミー	0.008	0.620	0.033	0.224	-0.082	0.312	0.038	0.438	0.009	0.644
担当職ダミー	-0.044	0.006 **	-0.061	0.039 *	-0.027	0.746	-0.035	0.472	0.021	0.272
wlb満足度（2からマイナス2）	0.162	0.000 ***	0.137	0.000 ***	0.158	0.036 *	0.145	0.007 **	0.168	0.000 ***
仕事内容やりがい満足度（2からマイナス2）	0.312	0.000 ***	0.343	0.000 ***	0.341	0.000 ***	0.242	0.000 ***	0.301	0.000 ***
賃金満足度（2からマイナス2）	0.026	0.159	0.097	0.002 **	-0.060	0.508	0.141	0.021 *	-0.026	0.292
評価処遇満足度（2からマイナス2）	0.024	0.253	-0.009	0.801	0.047	0.643	-0.017	0.805	-0.048	0.091
職場環境満足度（2からマイナス2）	-0.026	0.132	-0.026	0.424	-0.124	0.137	0.044	0.472	-0.015	0.501
正社員との人間関係満足度（2からマイナス2）	0.008	0.737	0.064	0.149	-0.067	0.582	-0.080	0.303	0.010	0.759
パートなどとの人間関係満足度（2からマイナス2）	0.014	0.477	-0.063	0.103	0.052	0.593	0.060	0.373	0.049	0.058
上司などの人間関係満足度（2からマイナス2）	0.074	0.001 ***	0.044	0.273	0.209	0.080	0.234	0.002 **	0.062	0.043 *
雇用の安定満足度（2からマイナス2）	0.048	0.014 *	0.136	0.000 ***	-0.043	0.645	-0.038	0.532	0.008	0.776
福利厚生満足度（2からマイナス2）	0.009	0.653	0.006	0.860	0.068	0.426	0.078	0.208	-0.004	0.875
教育訓練満足度（2からマイナス2）	0.058	0.002 **	0.077	0.028 *	0.089	0.344	0.050	0.436	0.036	0.173
組合員との人間関係満足度（2からマイナス2）	-0.029	0.095	-0.042	0.200	0.020	0.807	-0.186	0.003 **	-0.002	0.929
男性職員ダミー	-0.069	0.001 ***								
正規職員ダミー	0.037	0.112								
調整済 R^2 値	0.288		0.329		0.234		0.261		0.256	
F 値，有意確率	76.791	0.000 ***	28.655	0.000 ***	3.833	0.000 ***	8.027	0.000 ***	42.949	0.000 ***
N	3742		1018		168		359		2197	

a. 従属変数勤続指向（2からマイナス2）

（注）****：p＜.001，**：p＜.01，*：p＜.05。

表 2.4　記述統計量

(N=3742)

	最小値	最大値	平均値
男性ダミー	0.00	1.00	0.368
年齢・歳	19	81	49.47
既婚ダミー	0.00	1.00	0.7063
小 3 以下子供有ダミー	0.00	1.00	0.229
大卒ダミー	0.00	1.00	0.3362
正規職員ダミー	0.00	1.00	0.3169
宅配ダミー	0.00	1.00	0.5077
担当職ダミー	0.00	1.00	0.9075
勤続指向（2 からマイナス 2）	−2.00	2.00	0.799
wlb 満足度（2 からマイナス 2）	−2.00	2.00	0.325
仕事内容やりがい満足度（2 からマイナス 2）	−2.00	2.00	0.3097
賃金満足度（2 からマイナス 2）	−2.00	2.00	−0.229
評価処遇満足度（2 からマイナス 2）	−2.00	2.00	−0.0762
職場環境満足度（2 からマイナス 2）	−2.00	2.00	0.1585
正社員との人間関係満足度（2 からマイナス 2）	−2.00	2.00	0.3878
パートなどとの人間関係満足度（2 からマイナス 2）	−2.00	2.00	0.4214
上司との人間関係満足度（2 からマイナス 2）	−2.00	2.00	0.3902
雇用の安定満足度（2 からマイナス 2）	−2.00	2.00	0.4693
福利厚生満足度（2 からマイナス 2）	−2.00	2.00	0.2875
教育訓練満足度（2 からマイナス 2）	−2.00	2.00	−0.0438
組合員との人間関係満足度（2 からマイナス 2）	−2.00	2.00	0.3939

は，女性に比較して男性は，就業継続意思が低くなる。回答者の属性変数である宅配ダミー，大卒ダミー，正規職員ダミー，既婚ダミー，小 3 以下子供有ダミーは有意ではない。正規職員ダミーが有意でないため，分析に投入した他の変数を統制すると，正規職員とパート・アルバイト職員の就業継続意思には，統計的に有意な差があるとはいえないことがわかる。

　仕事内容や労働条件などに関する満足度の変数を取り上げると，「仕事内容・やりがい」，「上司との人間関係」，「雇用の安定」，「教育訓練」に関する各満足が有意で，標準化回帰係数はすべてプラスである。さらに分析で注目した「WLB」満足も有意で，標準化回帰係数もプラスとなる。つまり，分析に投入した他の変数の影響を統制しても，「WLB」満足は，職員の就業継続意思にプラスに影響していることが明らかになった。

　有意となった変数の標準化回帰係数について基本属性を除いて比較すると，回帰係数が大きいは，「仕事内容・やりがい」満足（$\beta = 0.312$）と「WLB」満足（$\beta = 0.162$）で，「仕事内容・やりがい」満足についで，就業継続意思に対する「WLB」満足の影響が大きい。

　一般的には，「賃金」や「評価処遇」に関する各満足は，就業継続意思にプラスに影響すると考えられるが，今回の分析ではいずれも有意ではない。賃金などの労働条件の改善のみでは，職員の就業継続意思を高めることができないといえる。

　「仕事内容・やりがい」満足と「WLB」満足以外で，統計的に有意な変数の標準化回帰係数を比較すると，「上司との人間関係」（$\beta = 0.074$）＞「教育訓練」（$\beta = 0.058$）＞「雇用の安定」（$\beta = 0.048$）の順で各満足が就業継続意思にプラスに影響している。後者の3つの中では，「上司との人間関係」の標準化回帰係数が大きく，職場における管理職による部下とのコミュニケーションの重要性が示唆される。

　以上によると，職員全体の就業継続意思を高めるためには，「仕事内容・やりがい」満足と「WLB」満足を高める施策の重要性が明らかになった。

男性正規職員

　男性正規職員の特徴は，次のようになる。回答者の属性変数で有意なのは年齢（$\beta = 0.113$）と担当職ダミー（$\beta = -0.061$）のみで，年齢が高くなると就業継続意思が高まり，管理職等に比較して担当職は就業継続意思が低くなる。

　回答者の属性以外で有意となる変数に関して標準化回帰係数を比較すると，「仕事の内容・やりがい」満足（$\beta = 0.343$）＞「WLB」満足（$\beta = 0.137$ ＞「雇用の安定」満足（$\beta = 0.136$））の順で，これに「賃金」満足（$\beta = 0.097$）と「教育訓練」満足（$\beta = 0.077$）が続いている。

　職員全体と同じく，「仕事の内容・やりがい」満足と「WLB」満足が就業継続意思にプラスに影響している一方，職員全体とは異なり，「雇用の安定」満足が上位に入り，かつ「賃金」満足も有意で就業継続意思にプラスに影響している。男性正規職員の就業継続意思を高めるためには，「仕事の内容・やりがい」満足や「WLB」満足のみならず，「雇用の安定」や「賃金」の各満足の向

上に貢献する取り組みが必要となることがわかる。

女性正規職員

　女性正規職員の分析結果を見ると，回答者の属性変数では年齢（$\beta = 0.254$）のみが有意で，年齢が高くなると，就業継続意思が高まる。回答者の属性以外で有意となる変数は「仕事の内容・やりがい」満足（$\beta = 0.341$）と「WLB」満足」（$\beta = 0.158$）の2つのみである。女性正規職員の就業継続意思を高めるためには，「仕事の内容・やりがい」満足と「WLB」満足を高めることが極めて重要となる。

男性パート・アルバイト職員

　男性パート・アルバイト職員を見ると，回答者の属性変数では，年齢（$\beta = 0.125$）が有意で，年齢が高くなると就業継続意思が高まる。回答者の属性以外で有意となる変数の標準化回帰係数を比較すると，「仕事内容・やりがい」満足（$\beta = 0.242$）＞「上司との人間関係」満足（$\beta = 0.234$）＞「WLB」満足（$\beta = 0.145$）＞「賃金」満足（$\beta = 0.141$）の順で就業継続意思へのプラスの影響が大きくなる。男性正規職員と同じく，「賃金」満足が有意となっていることと，「WLB」満足よりも「上司との人間関係」満足の影響が大きいことが特徴となる。

　つまり，男性パート・アルバイト職員の就業継続意思を高めるためには，「仕事内容・やりがい」満足や「WLB」満足に加えて，「上司との人間関係」満足や「賃金」満足を高めることが大事になる。

　就業継続意思に「賃金」が影響している点は，男性正規職員と同じであるが，「雇用の安定」満足が有意でない点が異なる。男性正規職員はもともと，「雇用の安定」をそれほど重視しておらず，そのためパート・アルバイト職員の雇用機会を選択している可能性が高い。

　なお，「組合員・顧客との人間関係」満足（$\beta = -0.186$）が有意で，標準化回係数はマイナスとなる。つまり，「組合員・顧客との人間関係」満足が高くなると，就業継続意思が低下することを意味する。この理由については，別の機会に検討したい。

女性パート・アルバイト職員

　女性パート・アルバイト職員を見ると，回答者の属性変数では，年齢（$\beta =$ 0.154）と既婚ダミー（$\beta = 0.042$）が有意で，年齢が高くなると就業継続意思が高まり，未婚・離死別に比較して既婚者は就業継続意思が高くなる。回答者の属性以外で有意となる変数の標準化回帰係数を比較すると，「仕事内容・やりがい」満足（$\beta = 0.301$）＞「WLB」満足（$\beta = 0.168$）＞「上司との人間関係」満足（$\beta = 0.062$）の順で就業継続意思へプラスの影響が大きくなる。「賃金」満足が有意でない点が，男性パート・アルバイト職員とは異なる。

まとめ

職員計，男女正規職員別，男女パート・アルバイト職員別に分析結果を見ると，いずれでも「仕事内容・仕事のやりがい」満足と「WLB」満足が職員の就業継続意思にプライスに影響していた。職員の就業継続意思を高めるためには，「仕事内容・仕事のやりがい」満足と「WLB」満足を高める取り組みが極めて重要といえる。

　男性正規職員では，女性正規職員と異なり「雇用の安定」や「賃金」の各満足が就業継続意思にプラスに影響しており，労働条件面の充実も就業継続意思の向上に重要なことが確認できた。

　パート・アルバイト職員では，男女共通して「上司との人間関係」満足が就業継続意思にプラスに影響していた。パート・アルバイト職員の就業継続意思の向上のためには，職場の管理職によるパート・アルバイト職員との円滑なコミュニケーションの構築の重要性が確認できる。

　男性正規職員では「雇用の安定」満足と「賃金」満足が，就業継続意思にプラスに影響していたが，男性パート・アルバイト職員では「賃金」満足は有意であるが，「雇用の安定」満足は有意でない。男性パート・アルバイト職員は，雇用の安定を重視していない可能性が高い。また，「賃金」満足が，就業継続意思に関して統計的に有意でない点は，女性正規職員と女性パート・アルバイト職員の両者に該当する。

3.3　職員の「WLB」満足を規定する要因

　男女正規職員と男女パート・アルバイト職員のいずれでも,「WLB」満足が,職員の就業継続意思にプラスに影響を与えていることが確認できた。そこで以下では,職員の「WLB」満足を規定する要因を分析する。具体的には,「WLB」満足を被説明変数とし,回答者の基本属性や労働時間の長さ（始業から終業までの標準的な時間である1日の拘束時間を分析に利用）,さらに有給休暇取得の容易さ,月単位の土日出勤回数（「特に決まっていない」は3.8％のため分析から除外した）,さらに生活時間に影響する通勤時間を説明変数とする重回帰分析を行う。ここでも職員全体に加えて,男女正規職員別,男女パート・アルバイト職員別の4つの雇用区分別に分析を行う。分析結果は,表2.5である。また,分析に投入した変数の記述統計量は表2.6のようになる。

　説明変数に関して説明すると,1日の拘束時間（Q6）は,普段の始業から終業までの時間で休憩時間を含み,実労働時間とは異なる。有給休暇の取得の容易さ（Q10）の選択肢は,「取得しやすい」「どちらかといえば取得しやすい」「どちらかといえば取得しにくい」「取得しにくい」「そもそも有給休暇がない」「有給休暇があるかわからない」の6つであるが,分析では,「取得しやすい」(5),「どちらかといえば取得しやすい」(4),「どちらかといえば取得しにくい」(3),「取得しにくい」(2),「そもそも有給休暇がない」(1),「有給休暇があるかわからない」(1) の5段階に変換している。

職員全体

　回答者の属性を取り上げると,担当職ダミー（$\beta = 0.096$）が有意で,管理職等に比較して,担当職は「WLB」満足が高くなる。また,男性ダミー（$\beta = 0.074$）も有意で,男性は女性に比較して「WLB」満足が高い。他方で,正規職員ダミー（$\beta = -0.081$）は,有意でかつ標準化回帰係数がマイナスのため,正規職員はパート・アルバイト職員に比較して,「WLB」満足が低くなることがわかる。なお,宅配ダミーは統計的に有意でないため,店舗と宅配により,「WLB」満足に統計的に有意な差があるとはいえない。

　労働時間に関わる変数を取り上げると,1日の拘束時間（$\beta = -0.245$）が統計的に有意で標準化回帰係数はマイナスで,有給休暇の取得の容易さ（$\beta =$

表 2.5 職員の WLB 満足度に関する重回帰分析

モデル	職員全体 標準化係数 ベータ	職員全体 有意確率	男性正職員 標準化係数 ベータ	男性正職員 有意確率	女性正職員 標準化係数 ベータ	女性正職員 有意確率	男性パート・アルバイト職員 標準化係数 ベータ	男性パート・アルバイト職員 有意確率	女性パート・アルバイト職員 標準化係数 ベータ	女性パート・アルバイト職員 有意確率
（定数）		0.957		0.782		0.249		0.873		0.832
年齢・歳	-0.014	0.394	-0.108	0.002 **	0.022	0.817	-0.003	0.963	0.028	0.186
既婚ダミー	0.016	0.316	-0.022	0.495	-0.167	0.041 *	0.117	0.068	0.046	0.033 *
小3以下子供有ダミー	-0.006	0.685	-0.046	0.128	0.064	0.401	-0.143	0.003 **	0.037	0.080
大卒ダミー	0.014	0.466	0.024	0.436	0.091	0.301	0.004	0.931	-0.001	0.967
担当職ダミー	0.096	0.000 ***	0.155	0.000 ***	0.259	0.001 **	0.132	0.008 **	0.019	0.360
宅配ダミー	-0.039	0.082	-0.036	0.398	-0.117	0.204	-0.006	0.922	-0.037	0.174
通勤時間（分）	-0.075	0.000 ***	-0.056	0.057	-0.255	0.001 ***	-0.097	0.045 *	-0.036	0.080
月単位の土日出勤回数（0回-8回）	-0.034	0.097	0.021	0.628	-0.022	0.800	-0.029	0.630	-0.051	0.058
有休取得しやすさ（5-1）	0.272	0.000 ***	0.358	0.000 ***	0.192	0.008 **	0.187	0.000 ***	0.269	0.000 ***
1日の拘束時間	-0.245	0.000 ***	-0.107	0.000 ***	-0.290	0.000 ***	-0.244	0.000 ***	-0.206	0.000 ***
正規職員ダミー	-0.081	0.002 **								
男性ダミー	0.074	0.000 ***								
調整済 R²値	0.241		0.164		0.202		0.226		0.139	
F値，有意確率	99.409	0.000 ***	20.838	0.000 ***	5.391	0.000 ***	11.702	0.000 ***	36.094	0.000 ***
N	3728		1009		175		368		2176	

a. 従属変数 wlb満足度（2からマイナス2）
（注）***：p＜.001，**：p＜.01，*：p＜.05

表 2.6　記述統計量

(N=3728)

	最小値	最大値	平均値
男性ダミー	0.00	1.00	0.3693
年齢・歳	19	81	49.75
既婚ダミー	0.00	1.00	0.7088
小 3 以下子供有ダミー	0.00	1.00	0.2296
大卒ダミー	0.00	1.00	0.3371
正規職員ダミー	0.00	1.00	0.3175
宅配ダミー	0.00	1.00	0.5117
担当職ダミー	0.00	1.00	0.9102
1 日の拘束時間時間)	2.00	13.00	5.989
有休取得しやすさ（5-1）	1.00	5.00	3.3671
月単位の土日出勤回数（0 回～ 8 回）	0.00	8.00	2.3404
通勤時間（分）	7.00	105.00	22.3741

0.272）は有意で回帰係数はプラスになる。つまり，1 日の拘束時間が長くなると「WLB」満足が低下し，他方，有給休暇取得が容易だと「WLB」満足が高まる。土日出勤回数は有意でなく，土日出勤回数が多いことが「WLB」満足に影響するとはいえない。おそらく，土日出勤を前提に現在の勤務先を選択した職員が多いことや，勤務先が土日出勤の回数を，職員のニーズを踏まえて調整していることが背景にあろう。労働時間ではないが，生活時間に影響する通勤時間を取り上げると，統計的に有意で，通勤時間（$\beta = -0.075$）が長くなると「WLB」満足が低下する。

男性正規職員

　男性正規職員に関して，回答者の属性で有意な変数を取り上げると，年齢（$\beta = -0.108$）が高くなると「WLB」満足が低下し，担当職ダミー（$\beta = 0.155$）は有意で，管理職等に比較して担当職は「WLB」満足が高い。

　労働時間に関わる変数を取り上げると，職員計と同じく，1 日の拘束時間（$\beta = -0.107$）と有給休暇取得の容易さ（$\beta = 0.358$）の両者が有意で，1 日の拘束時間が長くなると「WLB」満足が低下し，他方，有給休暇取得の容易さは「WLB」満足を高める。1 日の拘束時間と有給休暇取得の容易さの標準回帰係数の絶対値の大きさを比較すると，1 日の拘束時間に比較して有給休暇取得の

容易さのほうが,「WLB」満足への影響が大きいことがわかる。

　他方で,土日の出勤回数は有意でなく,「WLB」満足に影響するとはいえないことがわかる。

女性正規職員

　女性正規職員では,男性正規職員と同じく担当職ダミーが有意であるが,年齢は有意でない。さらに男性正規職員と異なり,既婚ダミー($\beta = -0.167$)が有意で,標準化回帰係数はマイナスとなる。つまり,未婚・離死別と比較して既婚者は「WLB」満足が低下する。家事・育児などの負担が女性に偏っている現状を反映した結果とも考えられる。ただし,小3以下子供有ダミーは有意ではない。
1日の拘束時間と有給休暇取得の容易さは有意で,両者の標準回帰係数の絶対値の大きさで見ると,男性正規職員とは異なり,有給休暇取得の容易さ($\beta = 0.191$)に比較し,1日の拘束時間($\beta = -0.290$)のほうが「WLB」満足に対するマイナスの影響が大きい。さらに,通勤時間($\beta = -0.255$)が有意で,かつ標準化回帰係数は,他の説明変数に比較して大きく,通勤時間が長くなると「WLB」満足が低下する。

　男性正規職員と異なり,女性正規職員では,有給休暇取得の容易さよりも,日々の生活時間に影響する1日の拘束時間や通勤時間が,「WLB」満足にプラスに影響することになることがわかる。

男性パート・アルバイト職員

　男性パート・アルバイト職員に関して回答者の属性の影響を見ると,担当職ダミー($\beta = 0.132$)が有意であることから,管理職等に比較して担当職は「WLB」満足が高くなる。男性正規職員とは異なり,小3以下子供有ダミー($\beta = -0.143$)が有意で,標準化回帰係数がマイナスとなる。つまり,小3以下の子どもがいる男性パート・アルバイト職員は,いない職員に比較して「WLB」満足が低下する。男性パート・アルバイト職員は,男性正規職員に比較して,子育てに参画している可能性が高いことが想定できる。

　労働時間に関係する変数を見ると,1日の拘束時間と有給休暇取得の容易さ

は有意で，両者の標準回帰係数の絶対値の大きさを見ると，有給休暇取得の容易さ（$\beta = 0.187$）に比較し，1日の拘束時間（$\beta = -0.244$）の「WLB」満足への影響が大きい。この点は，女性正規職員と同じ傾向となる。通勤時間（$\beta = -0.097$）も有意で，通勤時間が長くなると「WLB」満足が低下する。

　男性パート・アルバイト職員は，女性正規職員と同様に，有給休暇取得の容易さよりも，日々の生活時間に影響する1日の拘束時間の改善が，「WLB」満足にプラスに影響することになる。

女性パート・アルバイト職員

　女性パート・アルバイト職員の属性を見ると，既婚ダミー（$\beta = 0.046$）が有意で，未婚・離死別に比較し，既婚者は「WLB」満足が高くなる。既婚者では，「WLB」を実現しやすい働き方としてパート・アルバイト職員の働き方を選択している者が多い可能性がある。

　労働時間の変数を見ると，有給休暇取得の容易さ（$\beta = 0.269$）と1日の拘束時間（$\beta = -0.206$）が有意で，有給休暇取得が容易だと「WLB」満足が高くなり，他方，1日の拘束時間が長くなると「WLB」満足が低下する。さらに，有給休暇取得の容易さと1日の拘束時間の標準化回帰係数の絶対値を比較すると，有給休暇取得の容易さのほうが大きくなる。この点は，女性正規職員や男性パート・アルバイト職員とは異なる。女性パート・アルバイト職員は，拘束時間の短い勤務先を選択して就業している可能性がこの結果の背景にあろう。

　なお，生活時間に影響する通勤時間は有意でない。

　以上を踏まえると，女性パート・アルバイト職員は，拘束時間の短い勤務先や通勤時間が短い勤務先を当初から選択して就業している者が多い可能性が高いといえよう。

まとめ

職員全体で見ると，回答者の属性では，男性ダミーが有意であり，標準回帰係数がプラスのため，女性に比較して男性は「WLB」満足が高くなる。さらに，正規職員ダミーと担当職ダミーが有意で，標準化回帰係数は前者がマイナスで，後者はプラスになる。つまり，パート・アルバイト職員に比較して正規職員は，

担当職に比較して管理職等は，「WLB」満足が低くなる。

　労働時間では，1日の拘束時間が長くなると「WLB」満足が低下し，他方で有給休暇が取得しやすくなると「WLB」満足が高まる。通勤時間は労働時間ではないが，通勤時間が長くなると，労働時間と同じく，仕事以外の生活時間を制約することになるため，通勤時間が長くなることは「WLB」満足を低下させることになる。

　有意な変数の標準化回帰係数の絶対値の大きさを見ると，有給休暇の取得のしやすさと1日の拘束時間の両者が大きく，両者の絶対値を比較すると，前者のほうが大きい。つまり，1日の拘束時間が長いことによる「WLB」満足の低下を，有給休暇取得を容易にすることで，ある程度まで解消できる可能性が示唆される。

　男女正規職員を比較すると，両者とも有給休暇取得の容易さは「WLB」満足を高め，他方で，1日の拘束時間が長くなると「WLB」満足を低下させることになる。しかし，それぞれの標準化回帰係数の絶対値を見ると，有給休暇取得の容易さは，女性に比較して男性では「WLB」満足に対してプラスの影響が大きく，1日の拘束時間は男性に比較して，女性では「WLB」満足に対してマイナスの影響が大きくなる。つまり，有給休暇取得の容易さはや1日の拘束時間の長さの「WLB」満足への影響は男女正規職員で異なる。例えば，有給休暇取得を容易化する取り組みは，女性正規職員よりも男性正規職員の「WLB」満足の向上に貢献し，他方で，1日の拘束時間が長くなることは，男性正規職員よりも女性正規職員の「WLB」満足を低下させることになる。

　男女パート・アルバイト職員を比較すると，両者とも有給休暇の取得のしやすさは，「WLB」満足を高め，他方で，1日の拘束時間は「WLB」満足を低下させる。しかし，それぞれの標準化回帰係数の絶対値を見ると，有給休暇取得の容易さは，男性に比較して女性パート・アルバイト職員の「WLB」満足を高める影響が大きく，他方で，1日の拘束時間が長くなることは，女性パート・アルバイト職員に比較して，男性パート・アルバイト職員の「WLB」満足を低下させる影響が大きい。後者の点は，男女正規職員とは異なる。

5.　まとめ

　企業の人材マネジメントでは WLB 支援や WLC 解消が新しい課題となっていることを前提に，職員の就業継続意思を規定する要因として，WLB 満足の重要性が実証された。さらに，職員の WLB 満足の規定要因として，1日の拘束時間と有給休暇取得の容易さが，大きく影響することも明らかになった。

　分析に際して，下記の2つの仮説を提示したが，職員全体のみならず，男女正規職員別，男女パート・アルバイト職員別でも仮説1が実証でき，仮説2のうち土日曜出勤の回数を除いて，仮説2が実証できたといえる。

仮説1　WLB 満足が高いことは，職員の就業継続意思に高めることにつながる。

仮説2　労働時間の長いこと，土日曜出勤の頻度が多いこと，有給休暇取得が容易でないことは，職員の WLB 満足を低下させる。

　仮説2に関係するが，有給休暇の取得のしやすさと1日の拘束時間の両者が WLB 満足に大きく影響するが，職員全体に関する統計分析によるよると，1日の拘束時間が長いことによる WLB 満足の低下を，有給休暇取得を容易にすることで，ある程度まで解消できる可能性が示唆された。男女正規職員では，有給休暇取得の容易さは，女性に比較して男性の WLB 満足に対してプラスの影響が大きく，1日の拘束時間は，男性に比較して女性の WLB 満足に対してマイナスの影響が大きい。つまり，有給休暇取得の容易さはや1日の拘束時間の長さの WLB 満足への影響は，男女正規職員で異なることがわかる。

　さらに，今回の分析で，下記の点が明らかになった。

　職員計や男性正規職員別，男女パート・アルバイト職員別のいずれでも「仕事内容・仕事のやりがい」満足が職員の就業継続意思にプライスに影響している。職員の就業継続意思を高めるためには，「仕事内容・仕事のやりがい」満足を高める取り組みが極めて重要といえる。また，男性正規職員では，「雇用の安定」や「賃金」の各満足が就業継続意思にプラスに影響しており，労働条

件面の改善が就業継続意思の向上に重要なことが確認できた。

　パート・アルバイト職員では，男女共通して「上司との人間関係」満足が就業継続意思にプラスに影響している。パート・アルバイト職員の就業継続意思の向上のためには，職場の管理職によるパート・アルバイト職員との円滑なコミュニケーションの構築が重要といえる。

◆参考文献

高村静（2014）「仕事と生活の相互依存関係とワーク・ライフ・バランス」佐藤・武石（2014）。

佐藤博樹（2019）「ダイバーシティ経営と人事マネジメントの課題：人事制度改革と働き方の柔軟化」鶴光太郎編著『雇用システムの再構築に向けて：日本の働き方をいかに変えるか』日本評論社。

佐藤博樹・武石恵美子（2010）『職場のワーク・ライフ・バランス』日経文庫。

佐藤博樹・武石恵美子（2014）『ワーク・ライフ・バランス支援の課題：人材多様化時代における企業の対応』東京大学出版会。

佐藤博樹・藤村博之・八代充史（2019）『新しい人事労務管理（第6版）』有斐閣。

Greenhaus, J. H., and Beutell, N. J. (1985) "Sources of conflict between work and family roles," *Academy of Management Review*, 10(1), 76-88.

Greenhaus, J. H., and Powell, G. N. (2006) "When work and family are allies: A theory of work-family enrichment," *Academy of Management Review*, 31(1), 72-92.

第3章　経営理念の浸透と上司のリーダーシップ実践が生協職員の就業継続意思に与える効果
——組織コミットメントに注目して——

島貫智行

1.　問題意識

　本章の目的は，生協組織における経営理念の浸透と上司のリーダーシップ実践が生協職員の就業継続意思に与える効果を検討することである。この経営理念の浸透と上司のリーダーシップ実践が就業継続意思の向上に結びつく要因として，組織コミットメントを取り上げる。

　本章が生協職員の就業継続意思に注目する背景として，少子高齢化が進むなか多くの日本企業において，正規労働者だけでなく有期雇用労働者についても優秀な人材の確保と定着が課題になっている。この状況は生協組織も例外ではなく，正規職員やパート職員，アルバイト職員など多様な就業形態の人材の確保・定着の問題が重視されるようになった。人材の確保や定着を促進するうえで重要な概念が，組織コミットメントである。組織コミットメントは，既存研究において離職や転職を予測する有効な変数とされており，多くの実証研究において離職意思に大きな影響を与えることが示されてきた（鈴木 2011）。生協組織としても多様な就業形態の職員の定着を図るうえで，組織コミットメントを取り上げる意義があるように思われる。

　本章では，生協職員の就業継続意思とその先行要因の組織コミットメントを左右するマネジメント要因として，経営理念の浸透と直属上司のリーダーシップ実践に焦点を当てる。多様な就業形態の労働者の活用においては，求心力としての経営理念の浸透とダイバーシティ経営の担い手としての職場の管理職が

重要である（佐藤 2017）。生協組織において経営理念の浸透は，組織運営の基盤とされてきたが，パート・アルバイト職員が増え就業形態の多様化が進むなか，いまなお生協職員の就業継続意思の向上に貢献しているだろうか。また，職場の直属上司はリーダーシップ行動をどの程度実践しており，それは生協職員の就業継続意思を向上させているだろうか。その際に組織コミットメントは，経営理念の浸透や上司のリーダーシップ実践と就業継続意思の向上を媒介する役割を果たしているだろうか。

　以下では，組織構成員の就業継続意思を左右する組織コミットメントと，その規定要因としての経営理念の浸透と上司のリーダーシップ実践，さらに生協組織に関する先行研究を概観したうえで，2018 年に三つの生協組織の職員を対象に実施した質問票調査データを用いて，経営理念の浸透と上司のリーダーシップ実践が生協職員の就業継続意思に与える効果を検討する。

2.　先行研究の検討と本章の分析枠組み

2.1　就業継続意思の先行要因としての組織コミットメント

　組織コミットメントとは，組織と個人の関係に関する心理的態度を示す概念であり，特に組織と個人の関係の継続に関わる心的な概念である（鈴木 2011）。Meyer and Allen（1997）によれば，組織コミットメントとは「組織と従業員の関係を特徴づけ，組織におけるメンバーシップを継続もしくは中止する決定に関わる心理的状態」と定義され，情緒的な側面を強調する情緒的コミットメント（affective commitment），功利的な側面を強調する継続的コミットメント（continuance commitment），社会価値的な側面を強調する規範的コミットメント（normative commitment）の三次元として捉えることが可能であるとされる。このうち本章で注目する情緒的コミットメントとは，組織との感情的なつながりを表現する概念とされ，組織との価値観が近しかったり，組織への誇りや仲間への愛着を感じたりしている心理的態度のことである（鈴木 2011）。

　組織コミットメントは，組織構成員の離転職に影響を与える点で経営上重要である。組織コミットメントと離転職意思や実際の離転職の間には負の関係があり，組織に対するコミットメントが強いほど離転職意思が低くなることや，

組織コミットメントの中でも特に情緒的コミットメントは、組織市民行動や役割外行動との間に正の関係があり、組織内で他の構成員と円滑に仕事を進めたり、組織的な活動を推進したりする効果があることが指摘されている（鈴木2011）。この点について高橋（2002）は、Mathieu and Zajac（1990）のメタ分析の結果をふまえて、離転職は情緒的・継続的・規範的のすべての組織コミットメントの影響を受けるものの、離転職意思や実際の離転職に関連が最も強いのは情緒的コミットメントであり、継続的コミットメントや規範的コミットメントと離転職との関係は、情緒的コミットメントと比較するとやや弱いことを指摘している。さらに、高木（2003）は、Meyer et al.（2002）のメタ分析の結果を整理して、組織コミットメントの結果変数として離転職意思、組織市民行動、ストレス、ワーク・ファミリー・コンフリクトを取り上げている。高木（2003）は、情緒的・継続的・規範的コミットメントがいずれも従業員の離転職意思との間に強い負の関係があることを指摘し、とりわけ情緒的コミットメントと離転職意思との負の関係が最も強いことを指摘している。これらのことから、生協職員の就業継続意思が向上する要因として組織コミットメントがあり、中でも情緒的コミットメントに注目することが重要であることが確認できる。

2.2 組織コミットメントの規定要因としての経営理念の浸透および上司のリーダーシップ実践

　組織構成員の定着に重要とされる組織コミットメントを規定する要因は何だろうか。松山（2005）は、組織コミットメントの規定要因として、①組織特性、②個人特性、③人事管理施策、④外部環境、⑤職務特性、⑥組織風土、⑦役割状態に区別して整理している。具体的には、①組織特性として組織規模、集権度、組織構造、②個人特性として年齢、性別、学歴、婚歴、役職年数、勤続年数、有能感、能力、給与、倫理、職位、③人事管理施策として選抜、教育訓練、報酬、福利厚生など、④外部環境として失業率、家族における責任、組合における役職、⑤職務特性として技能の多様性、自律性、チャレンジ、職務範囲、⑥組織風土として人間関係、コミュニケーション、参加、支援、公正さ、そして⑦役割状態として曖昧さ、葛藤、負荷などである。

　前述の高木（2003）は，Meyer et al.（2002）のメタ分析の結果を整理して，組織コミットメントの先行要因として組織サポート，変革型リーダーシップ，分配的公平，手続き的公平，役割の曖昧さ，役割葛藤などを指摘している。組織サポート，変革型リーダーシップ，分配的公平，手続き的公平は情緒的・規範的コミットメントを高める一方，役割の曖昧さと役割葛藤は情緒的・規範的コミットメントを低めるとされる。

　本章では，これらさまざまな要因の中から，経営理念の浸透と上司のリーダーシップ実践の二つに注目する。経営理念とは，北居・松田（2004）によれば「公表された個人の信念，信条そのもの，もしくはそれが組織に根づいて，組織の基づく価値観として明文化されたもの」とされる。高尾・王（2012）は，経営理念を「組織によって意図的に提示された組織アイデンティティの一部」であると捉え，経営理念の浸透は，従業員が自らの価値観やアイデンティティを組織の価値観やアイデンティティと同一化することを促進するものとした。こうした組織構成員の組織同一化は，当該組織に対する組織コミットメント，とりわけ情緒的コミットメントを向上させることを通じて離転職意思を低下させるとされる（林 2013）。北居・田中（2009）は，経営理念の浸透度について内面化と定着化の二つに分けて，情緒的コミットメントに与える影響を検討した。内面化とは組織構成員個人が経営理念の自分なりの意味に気がつくことであり，定着化とはマネジメントや製品，制度に理念が反映していることとされる。日本の従業員を対象とした質問票調査のデータを用いた分析により，経営理念の内面化と定着化の両方が情緒的コミットメントを向上させることを示している。もっとも高尾・王（2011）が指摘するように，組織構成員個人における経営理念の浸透と情緒的コミットメントは相互に影響し合う可能性が高い。情緒的コミットメントが経営理念の浸透を促進するとともに，理念の浸透が情緒的コミットメントを高めるように作用するという関係が想定しうることにも留意する必要がある。

　他方で，上司のリーダーシップ実践が組織コミットメントに与える影響を検討した研究は数多い。上司のリーダーシップ実践は，当該上司と部下構成員の信頼関係を醸成することにより部下構成員の組織への愛着，すなわち情緒的コミットメントを高め，その結果として組織への定着を促すことになる（竹内・

竹内 2009)。上司のリーダーシップ実践の基本は，集団の目標を達成するように部下の仕事遂行を促進するタスク志向行動と，集団内の人間関係を維持しチームワークを円滑にする人間関係志向行動の二つである（金井 2005）が，近年ではこれらに情報共有や人材育成なども含まれるようになった（淵上 2009）。石川（2015）は，研究開発プロセスのリーダーシップ研究のレビューを通じて，いくつかのタイプのリーダーシップ行動が組織コミットメントを向上させることを指摘している。例えば，変革型リーダーシップやサーバント・リーダーシップ，オーセンティック・リーダーシップなどが情緒的コミットメントを向上させるというものである。今井（2014）は，医薬品企業の研究所に勤務する管理職を対象とした質問票調査のデータを用いて，変革型リーダーシップが組織コミットメントを向上させることを示している。近年では砂口（2017）が，大手小売業の従業員を対象とした質問票調査のデータを用いて，変革型リーダーシップが情緒的コミットメントを向上させる効果があることを示しており，研究開発以外の職場においても変革型リーダーシップが組織コミットメントを高めることを示している。これらのことから，経営理念の浸透や上司のリーダーシップ実践には組織コミットメントを高める効果があることが確認できる。

2.3　生協組織を対象とした既存研究

　以下では，生協組織における経営理念の浸透や上司のリーダーシップ実践に注目した研究，さらに組織コミットメントに影響を与える要因を検討した研究を概観する。

　加護野ほか（2000）は，生協組織における上司のリーダーシップや経営理念の浸透が当該組織の経営に与える影響を検討した。コープこうべの 80 店舗に勤務する正規職員（5 店舗は正規職員以外も含む）を対象に質問票調査を実施して，店長のリーダーシップ行動や組織文化，戦略などと店舗の業績指標との関連を分析した。分析の結果，店長のリーダーシップについては配慮と緊張の二次元が見出され，このうち配慮行動が当該店舗の効率性に正の影響を与えていることが示された。

　金井・松岡・藤本（1997）は，生協組織の経営理念の浸透メカニズムについて，コープこうべの役職員に対するインタビュー調査に基づいて検討した。金

井らによれば，コープこうべでは「愛と共同」という経営理念を設定し，「安全・安心」「組合員のために」という言葉とともに理念の浸透を図っている。理事以上の役員が会合などの場面で折に触れて経営理念に言及したり，中堅層の職員が自分で経験したことを語ったりしていることが指摘されている。もっとも現場レベルでは他企業との競争環境が激しいなかで，「愛と共同」という理念を追求する難しさに直面する職員もいるが，そうしたときに役員層と職員層の間で理念に関する疑問の提示や議論がなされることも示されている。

　鈴木（2001）は，生協組織における上司のリーダーシップ行動が組織コミットメントに与える影響について検討している。加護野ほか（2000）と同じ1999年実施の質問票調査のデータを用いて，コープこうべの正規職員について組織コミットメントの規定要因を検討した。鈴木が注目した規定要因は，上司のリーダーシップ行動，組織文化，経営理念の三つである。分析の結果，上司のリーダーシップ行動，組織文化，経営理念のいずれも組織コミットメントに影響を与えていた。具体的には，上司のリーダーシップ行動として配慮行動（上司が部下との人間関係を良好にしようとする人間関係志向行動），組織文化として積極的な文化（新しいことに挑戦することが推奨され，変化することを脅威ではなく機会と捉える文化），経営理念として理念志向（店舗において経営理念の共有が重視され理念を具体的に解釈するなど，理念を大事にする志向）が情緒的コミットメントを向上させる効果があることが示された。なお，個人特性としては年齢が高いほど，また女性よりも男性のほうが，さらに職位が高いほど情緒的コミットメントが高いことも示された。

　これらの研究は，生協組織において経営理念が下部組織の職員にも広く浸透しており，生協組織の経営にとって良い効果を与えていることや，上司のリーダーシップ行動，特に配慮行動が生協職員の組織コミットメントの向上に効果を持っていることを示している。ただし，これらの研究はいずれも正規職員を対象に実施されたものであり，パート職員やアルバイト職員は分析対象とされていない。また，調査対象組織もコープこうべに限られており，全国の生協組織の状況は必ずしも考慮されていない。

　この問題意識のもと島貫（2018）は，2015年に全国の生協職員および生協組織を対象に実施した質問票調査データを再分析して，仕事の裁量付与と上司の

リーダーシップ行動としての配慮行動が店舗勤務のパート職員の情緒的コミットメントに与える影響を探索的に検討した。分析の結果，仕事の裁量付与と上司の配慮行動がいずれもパート職員の生協への情緒的コミットメントを向上させることが示された。また，パート職員の理念浸透度の高低によりサンプルを分割し同様に分析した結果，理念浸透度の高低によらず，仕事の裁量付与と上司の配慮行動がいずれもパート職員の生協への情緒的コミットメントを向上させるとともに，理念浸透度の高低により，情緒的コミットメントに影響を与える雇用管理要因に異同がみられた。具体的には，雇用保障の重視と情報共有は理念浸透度の高いパート職員と低いパート職員双方の情緒的コミットメントを向上する効果を示したが，労働時間・休暇の適正さは理念浸透度の高いパート職員のみに，適正な給与および安全衛生は理念浸透度の低いパート職員のみに効果を示した。これらをふまえて，生協店舗におけるパート職員に対して仕事遂行上の意思決定権限を与えたり上司が良好な人間関係を構築したりすることや理念浸透度の影響を考慮に入れて雇用管理を行うことが，情緒的コミットメントを向上させ，職務行動を改善し定着を促すうえで重要であると指摘している。

　生協組織における経営理念の浸透や上司のリーダーシップ実践が生協職員の就業継続意思に与える効果を実証的に検討した研究はほぼないが，前述の組織コミットメントに関わる研究をふまえると，経営理念の浸透や上司のリーダーシップ実践が生協職員の組織コミットメント，とりわけ情緒的コミットメントを向上させ，その結果就業継続意思を向上させる可能性があることが予想される。本章は，生協職員の就業形態を正規職員とパート・アルバイト職員に分割して，その影響関係の異同について検討する。

3. データとサンプル

　以下の分析で用いるデータは，2018年10月に実施された「生協職員の仕事と生活に関するアンケート調査」のデータである。本章では，就業形態が正規職員・パート職員・アルバイト職員のいずれかで，年齢が70歳以下の役職に従事していない職員にサンプルを限定した。そのうえで勤務先の事業部門の無

回答を除いたサンプルサイズは，3,554（人）である。

　サンプルの主な属性は次のとおりである。就業形態は，正規職員 25.6％，パート職員 46.0％，アルバイト職員 28.4％である。分析ではパート職員とアルバイト職員を一括りにして，正規職員とパート・アルバイト職員の2分割で捉える。個人属性としては，性別が女性 69.5％（男性 30.5％），平均年齢が 49.5 歳，学歴が中学・高校卒 48.4％，専門学校・高専・短大卒 24.4％，大学・大学院卒 27.1％である。平均勤続月数は，149.8 ヶ月（12.5 年）である。組織特性としては，勤務先の事業部門が宅配事業 53.7％，店舗事業 46.3％であり，勤務先の生協組織は生協 a 36.3％，生協 b 35.7％，生協 c 28.0％である。

4.　測定尺度

4.1　経営理念の浸透度

　経営理念の浸透度は，高尾・王（2012）で用いられた測定尺度を，生協組織に即して文言を一部修正して作成した（Q15）。具体的には，「この生協の理念や行動指針に共感を覚える」「この生協の理念や行動指針の内容をよく知っている」「どう行動すれば理念に基づく行動がとれるかを考えることがある」「この生協の理念は，仕事上の難局を乗り越えるうえで助けとなる」「私の価値観に照らすと，生協の理念には受け入れられない部分もある（逆転項目）」「この生協の理念を新入職員にわかりやすく説明できる」「求められれば，生協以外の人に理念をわかりやすく説明できる」「自分が生協内の会議や打合せで理念に言及したことがある」「役職員宛の文書やメールで，理念を引用したり言及したりすることがある」の9項目である。高尾・王（2012）はこれらの尺度を，理念への情緒的共感，理念を反映する行動的関与，理念内容の認知的理解の三次元に区別しているが，9項目のうち前者の5項目が経営理念の共感・理解，後者の4項目が経営理念の説明・言及として整理できる。いずれの項目の回答も5点尺度（あてはまる＝5，ややあてはまる＝4，どちらともいえない＝3，ややあてはまらない＝2，あてはまらない＝1）である。以下ではこれらの9項目のうち，他項目との相関が低い「私の価値観に照らすと，生協の理念には受け入れられない部分もある（逆転項目）」を除く8項目の平均値を用いる。ク

ロンバック α 係数は 0.854 であり，一定の信頼性を満たしている。

4.2　上司のリーダーシップ実践度

　上司のリーダーシップ実践度は，鈴木（2001）がタスク志向行動と人間関係志向行動を考慮に入れて作成した測定尺度を，生協組織に即して文言を一部修正して作成した（Q16B）。具体的には，「部下に生協全体の方針を伝え，その理解を促してくれる」「なぜこの仕事をやるのかについて部下に説明してくれる」「仕事のノウハウを部下に示してくれる」「部下の一人一人を成長させるために様々な体験を与えてくれる」「生協内外で得た情報を部下に伝えてくれる」「部下の気持ちや立場を大切にしてくれる」「部下が持ち込んだ問題に真剣に対応してくれる」の7項目である。回答はいずれの項目も生協職員の認識や知覚に基づくものであり，5点尺度（あてはまる＝5，ややあてはまる＝4，どちらともいえない＝3，ややあてはまらない＝2，あてはまらない＝1）である。以下ではこれら7項目の平均値を用いる。クロンバック α 係数は 0.949 であり，一定の信頼性を満たしている。

4.3　組織コミットメント

　組織コミットメントは，情緒的コミットメントを取り上げる。情緒的コミットメントの測定尺度は，鈴木（2001）を参考に，生協組織に即して文言を一部修正して作成した（Q15）。具体的には，「この生協の職員であることを誇りに思う」「この生協に対し，忠誠心を感じている」「この生協に愛着を持っている」の3項目である。回答は5点尺度（あてはまる＝5，ややあてはまる＝4，どちらともいえない＝3，ややあてはまらない＝2，あてはまらない＝1）であり，3項目の平均値を用いる。クロンバック α 係数は 0.811 であり，一定の信頼性を満たしている。

4.4　就業継続意思

　生協職員の就業継続意思は，設問（Q12）「あなたは，勤務先の生協に今後も勤め続けたいと思いますか」に対する回答について，4点尺度（そう思う＝4，どちらかといえばそう思う＝3，どちらかといえばそう思わない＝2，そう思

わない＝1）である。

5. 経営理念の浸透度および上司のリーダーシップ実践度

まず，経営理念の浸透度と上司のリーダーシップ実践度をみる。図3.1は経営理念の浸透度について，項目ごとに正規職員とパート・アルバイト職員を比較したものである。これによれば，正規職員とパート・アルバイト職員のいずれも「この生協の理念や行動指針に共感を覚える」「この生協の理念や行動指針の内容をよく知っている」「どう行動すれば理念に基づく行動がとれるかを考えることがある」「この生協の理念は，仕事上の難局を乗り越えるうえで助けとなる」という経営理念の共感・理解のほうが，それ以外の経営理念の説明・言及よりも高い傾向がある。また，パート・アルバイト職員の理念浸透度

図3.1　経営理念の浸透度

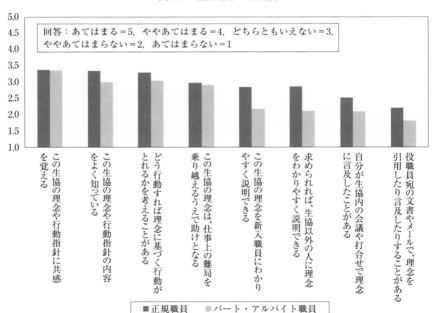

が正規職員よりも低い傾向があり，その傾向は経営理念の共感・理解よりも，「この生協の理念を新入職員にわかりやすく説明できる」「求められれば，生協以外の人に理念をわかりやすく説明できる」「自分が生協内の会議や打合せで理念に言及したことがある」「役職員宛の文書やメールで，理念を引用したり言及したりすることがある」という経営理念の説明・言及において顕著である。

　図3.2は上司のリーダーシップ実践度について，項目ごとに正規職員とパート・アルバイト職員を比較したものである。これによれば，全体として「部下の気持ちや立場を大切にしてくれる」「部下が持ち込んだ問題に真剣に対応してくれる」という人間関係志向行動の実践度が，タスク志向行動や情報共有，人材育成に関する実践度よりもやや高い傾向がある。また，パート・アルバイト職員に対する上司のリーダーシップ実践度が，正規職員に対する実践よりもやや低い傾向がある。

図3.2　上司のリーダーシップ実践度

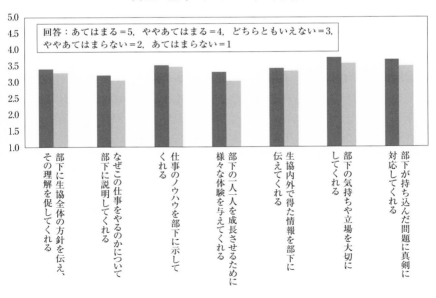

6.　経営理念の浸透・上司のリーダーシップ実践と就業継続意思の関係

　次に，経営理念の浸透度・上司のリーダーシップ実践度と就業継続意思の関係をみる。図 3.3 は就業継続意思について，正規職員とパート・アルバイト職員の別に，経営理念の浸透度は 8 項目の平均値を基準に高群・低群に分けて，また上司のリーダーシップ実践度は 7 項目の平均値を基準に高群・低群に分けて比較したものである。

　これによれば，正規職員とパート・アルバイト職員のいずれについても，経営理念の浸透度が高い群は低い群に比べて，また上司のリーダーシップ実践度が高い群は低い群に比べて就業継続意思が高い傾向がある。正規職員とパート・アルバイト職員を比較すると，正規職員においては，経営理念の浸透度の高・低群の差（2.98＞2.49）が上司のリーダーシップ実践度の高・低群の差

図3.3　経営理念の浸透度・上司のリーダーシップ実践度と就業継続意思の関係

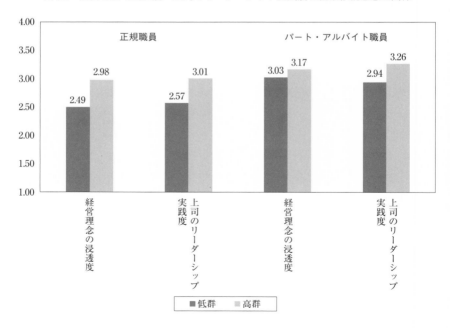

（3.01＞2.57）よりも若干大きい傾向がある。他方で，パート・アルバイト職員においては，正規職員とは逆に上司のリーダーシップ実践度の高・低群の差（3.26＞2.94）が経営理念の浸透度の高・低群の差（3.17＞3.03）よりも大きい傾向がある。

7. 経営理念の浸透・上司のリーダーシップ実践と情緒的コミットメントの関係

　さらに，経営理念の浸透度・上司のリーダーシップ実践度と就業継続意思を媒介する役割としての情緒的コミットメントとの関係をみる。図3.4は情緒的コミットメントについて，就業継続意思と同様に，正規職員とパート・アルバイト職員の別に，経営理念の浸透度と上司のリーダーシップ実践度をそれぞれ高群・低群に分けて比較したものである。

図 3.4　経営理念の浸透度・上司のリーダーシップ実践度と情緒的コミットメントの関係

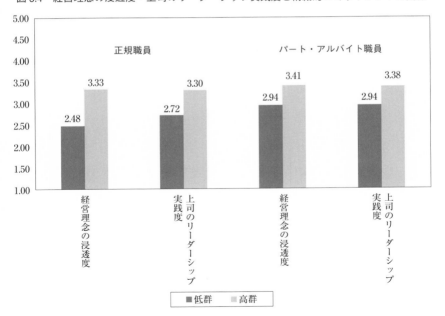

　これによれば，正規職員とパート・アルバイト職員のいずれについても，経営理念の浸透度が高い群は低い群に比べて，また上司のリーダーシップ実践度が高い群は低い群に比べて情緒的コミットメントが高い傾向がある。正規職員とパート・アルバイト職員を比較すると，正規職員においては，経営理念の浸透度の高・低群の差（3.33＞2.48）が上司のリーダーシップ実践度の高・低群の差（3.30＞2.72）よりも大きい傾向がある。他方で，パート・アルバイト職員においては，経営理念の浸透度の高・低群の差（3.41＞2.94）と上司のリーダーシップ実践度の高・低群の差（3.38＞2.94）は同程度である。

8.　経営理念の浸透および上司のリーダーシップ実践が就業継続意思に与える効果

　上記第6節の分析結果では，正規職員とパート・アルバイト職員の両方に関して，経営理念の浸透度と上司のリーダーシップ実践度が高いほうが就業継続意思が高い傾向にあった。以下では，個人属性や組織特性などの要因を統制したうえで，経営理念の浸透と上司のリーダーシップ実践が就業継続意思を向上させるのかを統計分析により検討する。

　サンプルを正規職員とパート・アルバイト職員に分割したうえで，従属変数を就業継続意思，独立変数を経営理念の浸透度と上司のリーダーシップ実践度，個人特性と組織特性を統制変数とする重回帰分析を行った。個人特性変数は，性別（女性＝1，男性＝0），年齢，学歴（中学・高校卒を基準に専門学校・高専・短大卒，大学・大学院卒の各ダミー変数），婚姻（既婚＝1，未婚および離婚・死別＝0），生協での勤続月数（ヶ月），前月給与（10万円未満を基準に10万円以上20万円未満，20万円以上の各ダミー変数），組織特性変数は，勤務先の事業部門（店舗事業＝1，宅配事業＝0）を設定した。

　分析結果を表3.1に示した。これによれば，正規職員をサンプルとしたモデル1において，経営理念の浸透度が就業継続意思に有意な正の影響を示し（$\beta = 0.290$，$p < 0.001$），上司のリーダーシップ実践度も同様に就業継続意思に有意な正の影響を示した（$\beta = 0.169$，$p < 0.001$）。就業継続意思に与える影響の大きさを比較すると，経営理念の浸透度の影響が上司のリーダーシップ実践度よりも

表 3.1　経営理念の浸透および上司のリーダーシップ実践が就業継続意思に与える効果

	モデル 1		モデル 2	
	正規職員		パート・アルバイト職員	
	標準化係数	t 値	標準化係数	t 値
女性	0.084 *	2.030	0.090 ***	3.239
年齢	0.147	1.469	0.105 ***	3.416
専門学校・高専・短大卒	− 0.059	− 1.365	− 0.028	− 1.057
大学・大学院卒	0.020	0.452	0.022	0.795
既婚	0.027	0.605	0.042	1.516
勤続月数	− 0.107	− 1.048	0.049	1.627
前月給与 10 万円以上	− 0.124	− 1.097	− 0.110 ***	− 3.966
前月給与 20 万円以上	− 0.036	− 0.319	− 0.046	− 1.714
店舗事業	0.049	1.253	− 0.041	− 1.545
経営理念の浸透度	0.290 ***	7.006	0.115 ***	4.291
上司のリーダーシップ実践度	0.169 ***	3.947	0.212 ***	7.777
R^2	0.161		0.112	
調整済み R^2	0.145		0.104	
F 値	9.733 ***		15.498 ***	

(注)　*p<0.05，**p<0.01，***p<0.001。

大きい。次に，パート・アルバイト職員をサンプルとしたモデル 2 において，経営理念の浸透度が就業継続意思に有意な正の影響を示し（β =0.115，p<0.001），上司のリーダーシップ実践度も同様に就業継続意思に有意な正の影響を示した（β =0.212，p<0.001）。就業継続意思に与える影響の大きさを比較すると，正規職員の分析結果とは逆に，上司のリーダーシップ実践度の影響が経営理念の浸透度よりも大きい。このことから，経営理念の浸透と上司のリーダーシップ実践はいずれも生協職員の就業継続意思を高める効果があり，両者を比較すると正規職員には経営理念の浸透が，またパート・アルバイト職員には上司のリーダーシップ実践がより大きな効果があることが示唆される。

　なお，統制変数については，モデル 1 と 2 に共通して女性ダミーが有意な正の影響を与えており，男性よりも女性のほうが就業継続意思が高いことを示している。また，モデル 2 において，年齢が有意な正の影響を，前月給与 10 万円以上 20 万円未満ダミーが有意な負の影響を示しており，パート・アルバイト職員は年齢が高いほど就業継続意思が高く，また前月給与が 10 万円以上 20

万円未満のパート・アルバイト職員は 10 万円未満の当該職員に比べて就業継続意思が低いことを示している。

9. 経営理念の浸透・上司のリーダーシップ実践と就業継続意思の関係における情緒的コミットメントの媒介効果

　前述の分析により，経営理念の浸透と上司のリーダーシップ実践が生協職員の就業継続意思を高める効果があることが示唆されたが，最後に，経営理念の浸透と上司のリーダーシップ実践が情緒的コミットメントの向上を通じて就業継続意思の向上につながるのか，すなわち情緒的コミットメントが経営理念の浸透・上司のリーダーシップ実践と就業継続意思の関係を媒介しているのかを検討する。

　Baron and Kenny（1986）によれば，媒介効果の有無を確認するには，①独立変数（本章でいえば，経営理念の浸透度および上司のリーダーシップ実践度）から従属変数（就業継続意思）に有意な影響があること，②独立変数（経営理念の浸透度およびリーダーシップ実践度）から媒介変数（情緒的コミットメント）に有意な影響があること，および③独立変数（経営理念の浸透度およびリーダーシップ実践度）と媒介変数（情緒的コミットメント）を同時に投入した場合に，従属変数（就業継続意思）に対して媒介変数（情緒的コミットメント）が有意な影響を示し，独立変数（経営理念の浸透度およびリーダーシップ実践度）の影響が有意でなくなるかまたは弱くなること，の3条件を満たす必要があると指摘している（独立変数の影響が非有意であれば完全媒介，有意ではあるが弱くなれば部分媒介となる）。

　サンプルを正規職員とパート・アルバイト職員に分割したうえで，説明変数として正規職員のモデル3に経営理念の浸透度を，モデル4に上司のリーダーシップ実践度を設定し，またパート・アルバイト職員についてもモデル5に経営理念の浸透度を，モデル6に上司のリーダーシップ実践度を設定した。そのうえで前述の媒介分析の手順にしたがって，手順①のモデルaは被説明変数に就業継続意思を，また手順②のモデルbは情緒的コミットメントを設定し，さらに手順③のモデルcは被説明変数に就業継続意思，説明変数に情緒的コミ

ットメントを加えて重回帰分析を行った。なお，すべてのモデルの説明変数に
モデル1・2と同じ統制変数を設定している。

　正規職員をサンプルとした分析結果を表3.2に示した。これによれば，モデ
ル3aにおいて経営理念の浸透度が就業継続意思に有意な正の影響を示し（$\beta =$
0.343，p<0.001），モデル3bにおいて経営理念の浸透度が情緒的コミットメン
トに有意な正の影響を示した（$\beta = 0.603$，p<0.001）。また，モデル3cにおい
て情緒的コミットメントが就業継続意思に有意な正の影響を示し（$\beta = 0.632$，
p<0.001），経営理念の浸透度は非有意であった。次に，モデル4aにおいて上
司のリーダーシップ実践度が就業継続意思に有意な正の影響を示し（$\beta = 0.257$，
p<0.001），モデル4bにおいて上司のリーダーシップ実践度が情緒的コミットメ
ントに有意な正の影響を示した（$\beta = 0.404$，p<0.001）。また，モデル4cにお
いて情緒的コミットメントが就業継続意思に有意な正の影響を示し（$\beta = 0.608$，
p<0.001），上司のリーダーシップ実践度は非有意であった。これらの結果によ
り，正規職員に関しては，情緒的コミットメントが経営理念の浸透および上司
のリーダーシップ実践と就業継続意思の関係を完全媒介している可能性が示さ
れた。

　なお，統制変数については，モデル3b・4bにおいて女性ダミーが有意な正
の影響を与えており，正規職員は男性よりも女性のほうが情緒的コミットメン
トが高いことを示している。これ以外に就業継続意思と情緒的コミットメント
に一貫して有意な影響を示した変数はなかった。

　パート・アルバイト職員をサンプルとした分析結果を表3.3に示した。これ
によれば，モデル5aにおいて経営理念の浸透度が就業継続意思に有意な正の
影響を示し（$\beta = 0.176$，p<0.001），モデル5bにおいて経営理念の浸透度が情
緒的コミットメントに有意な正の影響を示した（$\beta = 0.464$，p<0.001）。また，
モデル5cにおいて情緒的コミットメントが就業継続意思に有意な正の影響を
示し（$\beta = 0.514$，p<0.001），経営理念の浸透度は有意な正の影響を示したもの
の（$\beta = 0.063$，p<0.05），その影響はモデル5aよりも弱いものであった。次に，
モデル6aにおいて上司のリーダーシップ実践度が就業継続意思に有意な正の
影響を示し（$\beta = 0.242$，p<0.001），モデル6bにおいて上司のリーダーシップ
実践度が情緒的コミットメントに有意な正の影響を示した（$\beta = 0.395$，p<0.001）。

表 3.2　情緒的コミットメントの媒介効果：正規職員

被説明変数　　説明変数	モデル 3a 就業継続意思 標準化係数	t値	モデル 3b 情緒的コミットメント 標準化係数	t値	モデル 3c 就業継続意思 標準化係数	t値	モデル 4a 就業継続意思 標準化係数	t値	モデル 4b 情緒的コミットメント 標準化係数	t値	モデル 4c 就業継続意思 標準化係数	t値
女性	0.077	1.848	0.084 *	2.360	0.015	0.432	0.084 *	1.964	0.087 *	2.128	0.020	0.575
年齢	0.136	1.348	0.153	1.769	0.036	0.414	0.222 *	2.208	0.279 **	2.914	0.051	0.611
専門学校・高専・短大卒	-0.062	-1.428	-0.013	-0.358	-0.057	-1.543	-0.027	-0.620	0.025	0.600	-0.046	-1.278
大学・大学院卒	0.018	0.398	0.003	0.074	0.010	0.258	0.055	1.196	0.069	1.570	0.011	0.286
既婚	0.014	0.310	-0.038	-1.004	0.036	0.962	0.036	0.809	-0.007	-0.170	0.038	1.026
勤続月数	-0.149	-1.459	-0.171	-1.959	-0.030	-0.350	-0.131	-1.274	-0.117	-1.193	-0.046	-0.546
前月給与 10 万円以上	-0.101	-0.893	-0.056	-0.575	-0.056	-0.586	-0.146	-1.244	-0.137	-1.234	-0.048	-0.504
前月給与 20 万円以上	-0.010	-0.090	0.032	0.327	-0.033	-0.342	-0.086	-0.733	-0.097	-0.866	-0.031	-0.323
店舗事業	0.050	1.260	0.019	0.563	0.037	1.110	0.048	1.188	0.013	0.326	0.038	1.141
経営理念の浸透度	0.343 ***	8.645	0.603 ***	17.768	0.041	0.968						
上司のリーダーシップ実践							0.257 ***	6.156	0.404 ***	10.164	0.023	0.620
情緒的コミットメント					0.632 ***	15.047					0.608 ***	16.923
R^2	0.141		0.375		0.385		0.087		0.176		0.394	
調整済み R^2	0.125		0.364		0.373		0.071		0.161		0.383	
F値	9.207 ***		33.576 ***		31.776 ***		5.493 ***		12.176 ***		33.717 ***	

(注)　* p<0.05．** p<0.01．*** p<0.001。

表 3.3　情緒的コミットメントの媒介効果：パート・アルバイト職員

説明変数	モデル5a 就業継続意思 標準化係数	t値	モデル5b 情緒的コミットメント 標準化係数	t値	モデル5c 就業継続意思 標準化係数	t値	モデル6a 就業継続意思 標準化係数	t値	モデル6b 情緒的コミットメント 標準化係数	t値	モデル6c 就業継続意思 標準化係数	t値
女性	0.088 **	3.140	0.087 ***	3.370	0.044	1.770	0.079 **	2.880	0.067 *	2.485	0.052 *	2.092
年齢	0.083 **	2.726	0.020	0.730	0.072 **	2.681	0.119 ***	3.959	0.055	1.860	0.086 **	3.135
専門学校・高専・短大卒	−0.016	−0.580	0.025	1.013	−0.034	−1.430	−0.028	−1.082	−0.006	−0.220	−0.031	−1.314
大学・大学院卒	0.026	0.969	0.005	0.197	0.019	0.798	0.016	0.585	−0.010	−0.372	0.016	0.650
既婚	0.047	1.690	−0.016	−0.637	0.056 *	2.257	0.049	1.772	−0.013	−0.467	0.057 *	2.268
勤続月数	0.023	0.774	0.007	0.247	0.016	0.611	0.053	1.800	0.089 ***	3.108	0.018	0.673
前月給与10万円以上	−0.113 ***	−4.072	−0.091 ***	−3.574	−0.066 **	−2.657	−0.107 ***	−3.970	−0.056 *	−2.134	−0.078 **	−3.167
前月給与20万円以上	−0.050	−1.860	−0.032	−1.300	−0.028	−1.200	−0.054 *	−2.062	−0.020	−0.772	−0.028	−1.205
店舗事業	−0.037	−1.386	−0.006	−0.236	−0.029	−1.221	−0.039	−1.519	−0.007	−0.267	−0.030	−1.283
経営理念の浸透度	0.176 ***	6.793	0.464 ***	19.477	0.063 *	2.424						
上司のリーダーシップ実践							0.242 ***	9.426	0.395 ***	15.700	0.065 **	2.577
情緒的コミットメント					0.514 ***	19.902					0.456 ***	18.359
R²	0.074		0.222		0.278		0.102		0.160		0.276	
調整済み R²	0.067		0.216		0.273		0.096		0.154		0.271	
F値	11.185 ***		39.870 ***		48.810 ***		16.278 ***		26.601 ***		48.452 ***	

(注)　* p<0.05，** p<0.01，*** p<0.001。

また，モデル 6c において情緒的コミットメントが就業継続意思に有意な正の影響を示し（$\beta = 0.456$，p<0.001），上司のリーダーシップ実践度は有意な正の影響を示したものの（$\beta = 0.065$，p<0.01）その影響はモデル 6a よりも弱いものであった。これらの結果により，パート・アルバイト職員に関しては，情緒的コミットメントが経営理念の浸透およびリーダーシップ実践と就業継続意思の関係を部分媒介している可能性が示された。

　なお，統制変数については，モデル 5a・5c・6a・6c において年齢が有意な正の影響を，前月給与 10 万円以上 20 万円未満ダミーが有意な負の影響を示しており，パート・アルバイト職員は年齢が高いほど就業継続意思が高く，また前月給与が 10 万円以上 20 万円未満のパート・アルバイト職員は 10 万円未満の当該職員に比べて就業継続意思が低いことを示している。また，モデル 5b・6b において女性ダミーが有意な正の影響を，前月給与 10 万円以上 20 万円未満ダミーが有意な負の影響を示しており，パート・アルバイト職員も正規職員と同じく女性が男性よりも情緒的コミットメントが高く，また前月給与が 10 万円以上 20 万円未満のパート・アルバイト職員は 10 万円未満の当該職員に比べて情緒的コミットメントが低いことを示している。

10.　まとめ

　本章は，生協組織における経営理念の浸透と上司のリーダーシップ実践が生協職員の就業継続意思に与える効果を，その媒介要因である勤務先生協への組織コミットメントに注目して検討した。三つの生協組織に勤務する 70 歳以下の役職に就かない職員を対象とした質問票調査のデータを用いて，経営理念の浸透度と直属上司のリーダーシップ実践度が情緒的コミットメントや就業継続意思に与える影響について，正規職員とパート・アルバイト職員を比較し分析した。主な分析結果は，以下のとおりである。

　第 1 に，勤務先の生協組織への就業継続意思について，正規職員とパート・アルバイト職員の双方とも，経営理念の浸透度が高いほうが，また上司のリーダーシップ実践度が高いほうが，就業継続意思が高い傾向がある。統計分析の結果も，経営理念の浸透度と上司のリーダーシップ実践度の双方が，就業継続

意思に有意な正の影響を示した。

　第2に，勤務先の生協組織への就業継続意思を高める効果について，正規職員とパート・アルバイト職員を比較すると，正規職員では経営理念の浸透度の影響が上司のリーダーシップ実践度よりも大きく，逆にパート・アルバイト職員では上司のリーダーシップ実践度の影響が経営理念の浸透度よりも大きい。

　第3に，組織への愛着を意味する情緒的コミットメントについて，正規職員とパート・アルバイト職員の双方とも，経営理念の浸透度が高いほうが，また上司のリーダーシップ実践度が高いほうが，情緒的コミットメントが高い傾向がある。統計分析の結果も，経営理念の浸透度・上司のリーダーシップ実践度と就業継続意思の関係を情緒的コミットメントが媒介しており，正規職員においては完全媒介を，パート・アルバイト職員は部分媒介を示した。

　これらの分析結果から，生協職員の定着促進について以下の示唆を得られるであろう。一つには，生協職員の勤務先生協への就業継続意思を向上させるうえでは，経営理念の浸透や上司のリーダーシップ実践を図ることにより生協職員の情緒的コミットメントを向上させることが重要になる。生協職員が自生協の経営理念に共感し理解を深め，日常業務のなかで言及や説明ができるように経営理念を浸透させることは，生協組織への誇りや忠誠心，愛着といった情緒的コミットメントを向上させて就業継続意思を高める効果がある。また，直属上司が部下に対して自生協の方針や業務知識，経験等を伝えて情報共有を図り，部下への配慮や相談に乗るなどのリーダーシップを実践することも，生協組織への情緒的コミットメントの向上を介して就業継続意思を高める効果がある。

　もう一つには，生協組織においても就業形態の多様化に対応するには，経営理念の浸透に加えて，上司のリーダーシップ実践の取り組みに注力することが重要になる。生協組織は，これまで経営理念の浸透を通じてさまざまな経営成果を向上させてきたことが指摘されているが，経営理念の浸透の取り組みは，いまなお生協職員の就業継続意思を向上させる効果があるものの，正規職員と比較するとパート・アルバイト職員への効果は薄いといえる。パート・アルバイト職員には職場の上司によるリーダーシップの実践が経営理念の浸透よりも効果があることをふまえると，正規職員とパート・アルバイト職員が混在して働く職場においては，生協の組織運営の基盤である経営理念の浸透に加えて，

今後は上司のリーダーシップの能力開発やスキル向上が，優先度の高い必要な取り組みとなるといえる。

　最後に，今後の課題について指摘しておく。本章では生協職員の就業継続意思の向上を図る取り組みとして，経営理念の浸透と上司のリーダーシップ実践の二つを取り上げたが，これら以外にも就業継続意思を向上させる取り組みがあることはいうまでもない。例えば，評価・賃金制度や人材育成，ワーク・ライフ・バランスなどの人事管理施策の影響についての検討が必要である。また，本章では経営理念の浸透や上司のリーダーシップ実践と就業継続意思の関係を媒介する要因として情緒的コミットメントに注目したが，これ以外の媒介要因も考えられる。特にパート・アルバイト職員の場合には，情緒的コミットメントは部分媒介にとどまったことをふまえると，他の組織コミットメントや人的資本，社会関係資本などの媒介要因を考慮にいれて検討することが必要である。さらに，本章で用いた質問票調査のデータは，一時点のデータにとどまる。経営理念の浸透・上司のリーダーシップ実践，情緒的コミットメント，就業継続意思をそれぞれ異なる時点で測定することにより，より精度の高い分析結果を得られるであろう。

◆参考文献

石川淳（2015）「研究開発プロセスのリーダーシップ―文献レビューと課題の提示」『日本労働研究雑誌』660，66-86頁。

今井恵利子（2014）「変革型リーダーシップ行動がチームの活性度，コミットメントに及ぼす影響―研究開発部門における実証的研究」『立正大学心理学研究年報』5，79-88頁。

加護野忠男・北居明・松岡久美・松田良子・上野山達哉・松本雄一（2000）「コープこうべにおける生協の理念と競争優位」『生活協同組合研究』291，30-37頁。

金井壽宏（2005）『リーダーシップ入門』日本経済新聞社。

金井壽宏・松岡久美・藤本哲（1997）「コープこうべにおける「愛と協同」の理念の浸透―組織の基本価値が末端にまで浸透するメカニズムの探求」『組織科学』31（2），29-39頁。

北居明・田中雅子（2009）「理念の浸透方法と浸透度の定量的分析：定着化と内面化」

『経営教育研究』12（2），49-58 頁。

北居明・松田良子（2004）「日本企業における理念浸透活動とその成果」加護野忠
男・坂下昭宣・井上達彦編著『日本企業の戦略インフラの変貌』白桃書房，93-
121 頁。

佐藤博樹（2017）「ダイバーシティ経営と人材活用」佐藤博樹・武石恵美子編『ダイ
バーシティ経営と人材活用：多様な働き方を支援する企業の取り組み』東京大
学出版会，1-19 頁。

島貫智行（2018）「生協店舗に勤務するパート職員の組織コミットメントに関する探
索的分析」『生協総研レポート』88，27-35 頁。

鈴木竜太（2001）「コープこうべの店舗における組織コミットメントとその決定要因
―組織文化とリーダー行動を中心として」『経営行動科学』14（3），129-141 頁。

鈴木竜太（2011）「組織コミットメント」『経営行動科学ハンドブック』中央経済社，
338-343 頁。

砂口文兵（2017）「学習志向性に対する変革型リーダーシップの影響とそのメカニズ
ムの検討」『経営行動科学』30（2），83-97 頁。

高尾義明・王英燕（2011）「経営理念の浸透次元と影響要因―組織ルーティン論から
のアプローチ」『組織科学』44（4），52-66 頁。

高尾義明・王英燕（2012）『経営理念の浸透：アイデンティティ・プロセスからの実
証分析』有斐閣。

高木浩人（2003）『組織の心理的側面：組織コミットメントの探究』白桃書房。

高橋弘司（2002）「組織コミットメント」宗方比佐子・渡辺直登編著『キャリア発達
の心理学：仕事・組織・生涯発達』川島書店，55-79 頁。

竹内規彦・竹内倫和（2009）「リーダーシップ研究におけるメソ・アプローチ：レビ
ュー及び統合」『組織科学』43（2），38-50 頁。

林祥平（2013）「組織社会化と組織的同一化の弁別妥当性」『経営行動科学』26（1），
1-15 頁。

淵上克義（2009）「リーダーシップ研究の動向と課題」『組織科学』43（2），4-15 頁。

松山一紀（2005）「HRM と組織構成員の態度」『商経学叢』52（1），27-50 頁。

Baron, R. M., and Kenny, D. A. (1986) "The moderator–mediator variable distinction
in social psychological research: Conceptual, strategic, and statistical consider-
ations," *Journal of Personality and Social Psychology*, 51(6), 1173–1182.

Mathieu, J. E., and Zajac, D. M. (1990) "A review and meta-analysis of the anteced-
ents, correlates, and consequences of organizational commitment," *Psychological
Bulletin*, 108(2), 171–194.

Meyer, J. P., and Allen, N. J. (1997) *Commitment in the Workplace: Theory, Research, and Application*, Sage Publications.

Meyer, J. P., Stanley, D. J., Herscovitch, L., and Topolnytsky, L. (2002) "Affective, continuance, and normative commitment to the organization: A meta-analysis of antecedents, correlates, and consequences," *Journal of Vocational Behavior*, 61(1), 20–52.

付表　分析に用いた変数の記述統計量

	N	平均値	標準偏差	最大値	最小値
就業継続意思	3,538	3.034	0.871	4	1
経営理念の浸透度	3,415	3.128	0.820	5	1
上司のリーダーシップ実践度	3,303	2.654	0.682	5	1
情緒的コミットメント	3,358	3.362	0.985	5	1
女性	3,544	0.695	0.460	1	0
年齢	3,554	49.520	12.209	69	18
専門学校・高専・短大卒	3,518	0.245	0.430	1	0
大学・大学院卒	3,518	0.272	0.445	1	0
既婚	3,550	0.704	0.457	1	0
勤続月数	2,175	149.840	128.181	630	13
前月給与 10 万円以上	3,509	0.274	0.446	1	0
前月給与 20 万円以上	3,509	0.182	0.388	1	0
店舗事業	3,554	0.463	0.499	1	0

第4章　生協職員の就業継続意思に 理念や社会活動が与える影響

小野晶子

1. はじめに

　生活協同組合（以下，生協）は，営利企業の小売業とは異なり，特殊な法人形態（非営利組織）をとる。そこで働く職員の就業継続意思はどのようなものだろうか。非営利組織の有給職員やボランティアの働く動機は，利他的動機に基づく非営利組織固有の意識を持つといわれている。生協も非営利組織の一形態であり，職員が非営利組織固有の意識を持っていると想定される。

　本章では，生協職員がどのような非営利組織固有の意識を持ち，それが就業継続意思にどの程度寄与しているのかを明らかにする。また，「非営利組織」という組織特性に価値を見出す者の傾向を明らかにする。具体的には，生協へ入職したときの動機（入職動機）と，現在の働き方への評価（現在評価）を同じ設問群で聞き，現在と過去の意識の異なりが就業継続意思にどのような影響を与えるのかを観察する。また，地域活動やボランティア活動等の社会活動への参加の程度が，生協で働くうえでの非営利組織固有の意識と関連があるのか，さらには就業継続意思にも影響を与えるのかを分析する。

　次節では，非営利組織で働く動機について，理論的枠組みと先行研究を取り上げる。第3節では，2018年に実施した調査設問から，分析に使用する非営利組織固有の変数について説明したうえで，入職動機と現在評価に注目して予備的な分析を行う。第4節では，多変量解析により，非営利組織固有の意識が就業継続意思に与える影響を正規職員とパート，アルバイト職員に分けて分析を行う。最後に結果をまとめ，生協で働く職員の就業継続意思を高めるマネジメ

ントについて考えたい。

2.　理論的枠組みと先行研究

2.1　非営利組織としての生協

　生協は，生活困窮者が互いに手をつなぎ生活を守ろうという協同組合運動から生まれている。協同組合は非営利組織（NPO）の一形態であり，企業のように利益最大化を目的とせず，社会的なミッションや理念，アイデンティティの共有や実現が基本にある。組織が目指すものは，安心安全な食品や環境配慮の商品，共済などを組合員に提供することなどで具現化されるが，外形的には企業体のスーパーや食品宅配などの小売業と大きな差異を見出すことが難しい。

　一方で，小売業で働く人は他産業に比べ勤続年数が短く，平均賃金が低いことが知られている。『平成30年賃金構造基本統計調査』の「小売業」の企業規模計を見ると，勤続年数は12.2年，所定内給与額は約27万円と，いずれも全産業の平均値を下回っている。小売業では，従業員の人員を確保し，定着を促すことが課題となっているが，非営利組織である生協にとっては，営利企業とは異なる独自の方向性を探るほうが理にかなっている。

　ドラッカー（1991）は，著書『非営利組織の経営』の中で，非営利組織の人材マネジメントについて次のように述べている。「企業と非営利機関とで何が違うといっても，人のマネジメント，そして人間関係のマネジメントほど違う分野はない。企業でも，成功している企業の経営者は，組織に働く者が給与や昇進だけで動機づけされるわけではないということ，彼らがそれ以上の何かを必要としているということを知っている。しかし，非営利機関では，その何かが企業よりもずっと必要とされている。非営利機関では，有給のスタッフでさえ，物事を達成し，奉仕することによる満足感が得られなければならない。さもなければ，彼らは疎外感を覚え，敵対心さえ抱くようになる。つまるところ，何かに貢献していることが明らかでなければ，そもそも人が非営利機関に働く理由はいったい何であるというのか。」（p. 223）

　非営利組織である生協で働く職員が，一般の小売業で働く人とは異なる意識を持って働いている可能性は大いにある。全く異ならないまでも，社会的なミ

ッションや理念を共有しているからこそ働き続けようという気持ちがあるとすれば，生協の人材マネジメントを考えるうえでは，賃金や昇進といった一般的な労働条件のみではなく，非営利組織で働く人が持つ固有の意識を考慮する必要が少なからずあるだろう。

2.2　非営利組織で働く人の動機と分析仮説

　非営利組織で働く人の動機や継続意識に関する研究の多くは，ボランティアに関するものを中心に海外での蓄積が多い。これらの研究は，主に内発的動機に関するものである。内発的動機は，個人の感情としての「働きがい」「やりがい」といった充実感が，原則，無償のボランティアの行動の源泉になるという考え方である[1]（田尾 1999）。

　内発的動機には，利他的意識に基づくものと利己的意識に基づくものがある。経済学の中で利他的意識の研究は，Becker（1976），Andoreoni（1989，1990）などによって深められてきた。利他的意識はボランティアにとって中核をなす心性であるが，利己的意識とも共在する。ボランティア・マネジメントの観点から考えると利己的意識に基づくほうがコントロールしやすいといわれている。

　Menchik and Weisbrod（1987）は，利己的意識に基づくボランティアの動機を，消費的なもの（消費モデル）と投資的なもの（投資モデル）に分けて論じている。Freeman（1997）もまた，ボランティア活動を消費財として捉え，効用関数を用いた「消費モデル」では，ボランティアは活動することによって自らの効用を高めるとする。例えば，所属する団体の理念やミッションに共感し，ボランティア活動によって充足感が得られる場合がそれにあたる。Morrow-Howell and Mui（1989）は，消費的動機が満たされることがボランティアを続けるうえでの最低条件であり，これが損なわれれば直ちに活動を辞めると述べている。Preston（1989）は，非営利組織で働く人が無償や，低い賃金であることに注目し，その働く理由が社会へ貢献することや組織のミッションの達成を通じて，労働として寄付していると論じている。だとすれば，仮にこの内発的動機が失われた時，人は心情的に損をするため活動を止めるだろう。

1）内発的動機に対して外発的動機は，賃金や人間関係といった外部要因に基づく。

　森山（2016）は，NPO法人で働く有給職員とボランティアを対象とした2005年と2014年の2度の調査から，有給職員を分析対象とし，消費的動機に関わる「団体の理念・活動目的への共感」が強い人ほど，年齢を問わず継続意思が強い傾向が一貫して見られることを確認している[2]。

　小野（2018）は，『生協職員意識調査』[3]の心理尺度を使った分析から，「社会貢献とミッションの実感」が特に正規職員の就業継続意思につながる傾向を明らかにしている。ただし，当分析はクロス集計から見た特徴であり，個人属性等がコントロールされていない。

　これまでの研究から，非営利組織で働く動機で重要なものは，団体との理念の共有や社会貢献の実感であり，これらが満たされることによって活動（就業）が継続されるといえるだろう。しかし，その意識は入職時と現在とで普遍ではなく，変わっていくものではないだろうか。例えば，入職時に社会貢献に熱い思いを抱いて団体の理念に共感して入職した人が，活動するにつれてその気持ちが冷めていく，逆に，きっかけは軽い気持ちだったが，活動するうちに理念に共感して熱心になることは想定できる。そのとき，就業継続意思はどのように影響を受けるのか。

　伊原ほか（2007）は協同組合系医療機関の調査から，就職時の「志の高い人」と「志の低い人」が，仕事の分担における環境の主観的良し悪しにより，職務満足度が高くなるか，低くなるかを分析している。「志の高い人」は仕事に対する要求が強く，それが満たされている場合には職務満足度が他の人たちよりも高くなり，反対に満たされなかった場合には他の人たちより不満が高くなるという仮説を支持した結果となっている。この先行研究から，入職時に熱い思いで入ってきた人が冷めてしまった場合，失望のハレーションが大きいことが予想される。

　2）調査は労働政策研究・研修機構実施。NPO法人からスタッフへ配布している。詳細は，JILPT（2006）およびJILPT（2015）を参照されたい。森山論文では，多様な活動が混在するNPOにおいて，団体のコアとなって活動する人の特徴を捉えるために，有給職員に焦点を当てて分析している。分析対象者は2014年調査データが1,981名，2005年調査データが725名である。

　3）2015年実施。日本生活協同組合連合会に加入する会員生協のうち30団体で働く職員29,842名に向けて調査された。26,570サンプル。5件法による心理項目が90問と個人属性（雇用形態，性別，年齢階層，勤務年数，職位，部署）から構成されている。

　以上のことから，本章では生協職員の理念や社会目的への共感や社会貢献といった，非営利組織固有の意識が就業継続意思に与える影響の分析にあたり，次の仮説を正規職員とパート，アルバイト職員に分けて確認することにする。①非営利組織固有の意識が高い人ほど就業継続意思が高い，②非営利組織固有の意識が入職時点より調査時点のほうが高い人ほど就業継続意思が高い，③非営利組織固有の意識が入職時点では高かったが調査時点で低下した人の就業継続意思の落ち込みは，もともと非営利組織固有の意識が低かった人よりも大きい。

3. 使用する変数と予備的分析

3.1 非営利組織固有の入職動機と現在評価

　本分析では，非営利組織で働く人の固有の意識を測定するために，設問 Q18と Q19 の B，H，J の 3 項目を使用する。これらの回答はいずれも「5 あてはまる」～「1 あてはまらない」（選択肢の番号を逆転した）である。B と H は，同じ内容を過去形と現在形で聞いている。Q18 の動機は「B 生協の理念や社会目的に共感したから」に対し，Q19 の現在の評価は「B 生協の理念や社会目的に共感している」，同じく Q18「H 社会貢献が出来るから」に対し Q19「H 社会貢献が出来ている」となる。この他の非営利組織固有の意識を測定する設問として，Q18 の「J 民間企業ではなく生協で働きたかったから」という入職動機と，Q19「J 組合員の役に立っている」という現在の利他的意識の強さを認識する設問を採用する。

　被説明変数の就業継続意思を表す設問は，「Q12 勤務先の生協に今後も勤め続けたいと思いますか」とし，「4 そう思う」～「1 そう思わない」（選択肢の番号を逆転した）で分析する。なお，定年退職以降に継続就業（再雇用，継続雇用）で働いている者は，定年前の者とは就業継続意識を規定する要因も異なると推測できることから，60 歳未満のサンプルに限定した。

　表 4.1 に，正規職員は男女別で，パート職員，アルバイト職員に分けて，非営利組織固有の意識の平均スコアを示した。就業形態の分類は設問 Q40 によっている。生協によってパート職員やアルバイト職員の定義が微妙に異なるが，

表 4.1　非営利組織固有の意識の入職時点と調査時点の平均スコア

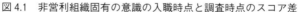

| | 全体 | 正規職員 | | パート・アルバイト職員 | |
		男性	女性	パート職員	アルバイト職員
Q18B　生協の理念や社会目的に共感したから	2.83	3.20	3.28	2.61	2.52
Q18H　社会貢献が出来るから	2.98	3.40	3.46	2.74	2.62
Q18J　民間企業ではなく生協で働きたかったから	2.56	2.79	2.73	2.41	2.38
Q19B　生協の理念や社会目的に共感している	3.15	3.26	3.43	3.07	3.05
Q19H　社会貢献が出来ている	3.17	3.46	3.60	3.03	2.88
Q19J　組合員の役に立っている	3.51	3.73	3.94	3.43	3.17

図 4.1　非営利組織固有の意識の入職時点と調査時点のスコア差

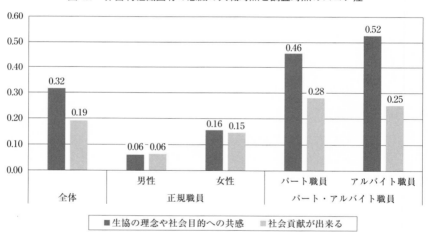

基本的にアルバイト職員はパート職員よりも短時間就業であることが，どの生協でも共通している。なお，当調査では学生アルバイトは調査対象外である。

　正規職員とパート・アルバイト職員の非営利組織固有の意識を比べると，正規職員のほうが高いことがわかる。正規職員の中では，男性よりも女性のほうがスコアが高い。また，就業形態に関係なく入職時よりも現在のスコアのほうが高く，正規職員よりも，パート・アルバイト職員での伸びが大きい。そこで，調査時点と入職時点のスコアの差を見てみる（図4.1）。これを見ると，「理念や

社会目的への共感」のスコアのほうが伸びていることがわかる。また，正規職員よりもパート・アルバイト職員のほうが倍以上伸びており，中でもアルバイト職員の伸びが大きい。一方で，正規職員の男性はほとんど変わっていない。

3.2　入職動機と現在評価の高低でつくる4類型

　次に，Q18，Q19のB，Hから，非営利組織固有意識の入職時点と調査時点のスコアを高低に二分（1〜3を「低」，4〜5を「高」と）し，それぞれの組み合わせで4類型となる合成変数を作成する。すなわち，①入職動機高・現在評価高（動高・現高），②入職動機低・現在評価高（動低・現高），③入職動機高・現在評価低（動高・現低），④入職動機低・現在評価低（動低・現低）である（表4.2）。①動高・現高は，入職時の期待や意識も高く，その意識が現在も高い状態にある「期待どおり」のタイプ。②動低・現高は，入職時の期待や意識は低いものの，現在は評価が高い状態にある「期待以上」のタイプ。③動高・現低は，入職時の期待や意識が高かったが，現在は評価が低い状態にある「期待外れ」のタイプ。④は入職時の期待や意識は低く，現在も評価は低い状態にある「期待しない」タイプである。

　入職動機と現在評価の4類型別に，就業継続意思をクロス集計した結果が，図4.2，図4.3である。各図とも上が正規職員，下がパート・アルバイト職員である。

　図4.2の正規職員の傾向を見ると，生協の理念や社会目的への共感が，①動高・現高の「期待どおり」のグループでは，85.7％が就業継続（「そう思う」＋「どちらかといえばそう思う」）を希望している。②動低・現高の「期待以上」の意識を持つグループでは，就業継続意思が86.2％で，①をわずかに上回っており，入職動機に関係なく現在評価が高いグループで就業継続意思が高い。一方，③動高・現低と④動低・現低の現在評価が低いグループでは，就業継続意思の割合が20ポイント以上も低くなる。この傾向は図4.3の正規職員でも同様である。

　対して，パート・アルバイト職員を見ると，③動高・現低，④動低・現低の就業継続意思の割合の落ち込みは正規職員ほどではない。特に図4.3「社会貢献が出来る」では，③動高・現低の「期待外れ」の就業継続意思の割合が，②

表 4.2　入職動機と現在評価の高低による 4 類型と分布

		①動高・現高	②動低・現高	③動高・現低	④動低・現低	合計
生協の理念や社会目的への共感	n	723	538	228	2,074	3,563
	%	20.3	15.1	6.4	58.2	100.0
社会貢献が出来る	n	946	407	257	2,047	3,657
	%	25.9	11.1	7.0	56.0	100.0

（注）　※無回答を除く。

図 4.2　「理念や社会目的への共感」4 類型別の就業継続意思割合
（上図：正規職員，下図：パート・アルバイト職員）

（正規職員）

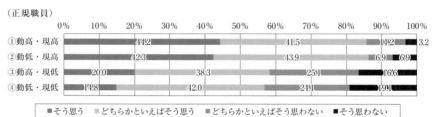

（パート・アルバイト職員）

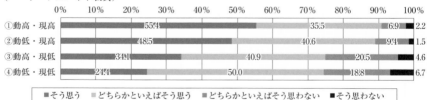

動低・現高の「期待以上」とあまり変わらずに 8 割を超えている。

　これらのことから，特に正規職員の就業継続意思に対して，生協の理念の共有や社会貢献活動に対する意識が影響を与えていると推測される。

図4.3　「社会貢献が出来る」4類型別の就業継続意思割合
（上図：正規職員，下図：パート・アルバイト職員）

（正規職員）

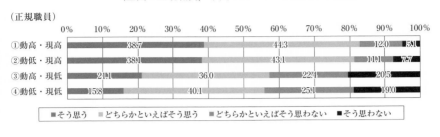

（パート・アルバイト職員）

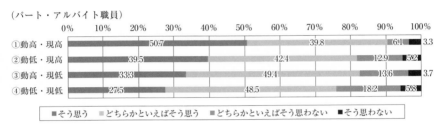

3.3　社会貢献活動の状況，属性等

　生協で働く者の就業継続意思を分析するにあたって，3.2項で説明した非営利組織固有の意識の変数以外に，地域等でのボランティアや社会貢献活動の状況との関係も検証する。

　「社会貢献活動状況」を示す変数は，「あなたは，これまで地域活動（PTAや町内会など）やボランティア活動に参加したことがありますか（Q20）」に「1. 役員などとして中心的に参加したことがある」を選択し，かつ「以下の活動を，現在どの程度の頻度でしていますか（Q21），D 地域活動やボランティア活動（PTA，町内会等）」に「ほぼ毎日」～「月に1日」を選択した場合に1とした。つまり，過去に活動の中心的な役割を担った経験や，現在月に1日以上，比較的頻繁に活動しているサンプルを認識する。

　分析に使用する変数のサンプル数と記述統計量を就業形態別に表4.3に示した。

　就業形態ごとの平均値からその傾向を見ておこう。「就業継続意思」の平均

表 4.3　就業形態別に見た社会貢献活動の状況、属性等の平均値

		全体		正規職員		パート職員		アルバイト職員	
		n	平均値	n	平均値	n	平均値	n	平均値
就業継続意思	4「そう思う」～1「そう思わない」	3,632	2.985	1,351	2.865	1,453	3.008	677	3.198
性別	男性=1	3,648	0.405	1,348	0.849	1,461	0.120	684	0.135
既未婚	既婚=1	3,648	0.686	1,353	0.609	1,459	0.714	684	0.779
年齢	連続	3,657	45.513	1,353	42.368	1,462	47.434	686	47.500
本人年収	100万円未満	3,322	0.258	1,315	0.027	1,366	0.235	625	0.795
	100万～200万円未満=1	3,322	0.246	1,315	0.020	1,366	0.511	625	0.139
	200万～300万円未満=1	3,322	0.164	1,315	0.174	1,366	0.212	625	0.038
	300万～400万円未満=1	3,322	0.126	1,315	0.273	1,366	0.033	625	0.019
	400万～600万円未満=1	3,322	0.170	1,315	0.417	1,366	0.007	625	0.008
	600万円以上=1	3,322	0.036	1,315	0.089	1,366	0.003	625	—
最終学歴	中学・高校卒=1	3,485	0.433	1,348	0.254	1,444	0.567	671	0.505
	高専・短大・専門学校卒=1	3,485	0.232	1,348	0.087	1,444	0.320	671	0.335
	大学・大学院卒=1	3,485	0.335	1,348	0.659	1,444	0.113	671	0.159
主な仕事	店舗=1	3,369	0.388	1,348	0.125	1,373	0.610	630	0.468
	宅配=1	3,369	0.572	1,348	0.861	1,373	0.359	630	0.421
	その他=1	3,369	0.040	1,348	0.015	1,373	0.031	630	0.111
役職	副店長、副センター長以上=1	3,298	0.043	1,334	0.102	1,343	0.004	604	—
	チーフ・リーダークラス=1	3,298	0.122	1,334	0.268	1,343	0.030	604	0.003
	役職なし=1	3,298	0.835	1,334	0.630	1,343	0.966	604	0.997
社会貢献活動状況	多い、中心的=1	3,537	0.100	1,320	0.078	1,416	0.105	659	0.126

値を見ると，アルバイト職員の平均値が 3.198 であり，パート職員（3.008）や正規職員（2.865）に比べて高くなっている。性別は，正規職員の約 8.5 割が男性であり，逆にパート・アルバイト職員では女性が 8 〜 9 割を占めることがわかる。年齢は，正規職員が最も若く 42.368 歳であり，パート職員は 47.434 歳，アルバイト職員は 47.500 歳である。本人年収は，アルバイト職員の約 8 割が 100 万円未満，パート職員の約 7 割が 200 万円未満，正規職員の約 7 割が 300 万〜 600 万円に位置する。最終学歴は，正規職員の 65.9% が大学・大学院卒で，パート・アルバイト職員の半数以上が中学・高校卒である。アルバイト職員は，パート職員に比べ若干であるが，高専・短大・専門学校卒と大学・大学院卒の割合が高くなっている。「主な仕事」について見ると，正規職員では宅配についている割合が 9 割近くになっている。一方，パート職員の約 6 割が店舗で働いている。アルバイト職員は店舗と宅配は半々くらいの割合である。「役職」を見ると，パート職員は 3% がチーフ・リーダークラスについているが，アルバイト職員はほぼ役職についていない。正規職員では約 1 割が副店長，副センター長以上，約 3 割がチーフ・リーダークラスとなっている。「社会貢献活動状況」を見ると，アルバイト職員の 12.6% が地域等でのボランティアや社会貢献活動に参加している。正規職員は 7.8% と他と比較して低い。

3.4　非営利組織固有の意識を持つ人の規定要因分析

　3.2 項で説明した非営利組織固有の意識項目，「理念や社会目的への共感」と「社会貢献ができる」の 4 類型，①動高・現高，②動低・現高，③動高・現低，④動低・現低の規定要因を多項ロジスティック回帰分析で推計する（表 4.4，表 4.5）。ベース・カテゴリは④動低・現低とし，このカテゴリに対し他はどういう傾向にあるかを見る。

　表 4.4 の「生協理念と社会目的への共感」の結果から見てみよう。まず，①動高・現高の「期待どおり」グループは，④動低・現低の「期待しない」グループに比べて，女性，年齢が若い，年収が 100 万円未満か 400 万円以上（ベースは 200 万〜 300 万円），高専・短大・専門学校卒以上，副店長以上の役職あるいは役職についていない（チーフ・リーダークラスではない），正規職員あるいはパート職員（アルバイト職員ではない），社会貢献活動に熱心，という

表 4.4　「生協理念と社会目的への共感」の 4 類型の規定要因

		1 動高・現高		2 動低・現高		3 動高・現低	
		係数	標準誤差	係数	標準誤差	係数	標準誤差
性別	男性＝1	-0.26	0.16 †	-0.32	0.18 *	0.51	0.27 *
既未婚	既未婚＝1	-0.15	0.12	0.20	0.14	-0.15	0.18
年齢	連続	-0.01	0.01 **	-0.01	0.01	0.02	0.01 **
本人年収 (200万～300万円未満)	100万円未満	0.34	0.20 *	0.22	0.21	0.38	0.37
	100万～150 (200) 万円未満	0.08	0.20	0.07	0.19	-0.29	0.39
	300万～400万円未満	-0.10	0.19	0.05	0.24	0.15	0.28
	400万～600万円未満	0.66	0.21 ***	0.64	0.26 **	0.48	0.31
	600万～800万円未満	0.83	0.31 ***	0.10	0.41	0.32	0.45
最終学歴 (中学・高校卒)	高専・短大・専門学校卒＝1	0.42	0.14 ***	0.53	0.13 ***	0.26	0.27
	大学・大学院卒＝1	0.88	0.13 ***	0.42	0.15 ***	0.70	0.20 ***
主な仕事 (宅配)	店舗＝1	0.03	0.13	0.06	0.13	0.15	0.23
	その他＝1	-0.35	0.33	0.12	0.28	0.14	0.51
役職 (役職なし)	副店長、副センター長以上＝1	0.56	0.27 **	1.47	0.29 ***	-1.15	0.52 **
	チーフ・リーダークラス＝1	-0.26	0.16 †	0.25	0.19	-0.53	0.22 **
就業形態 (パート職員)	アルバイト職員＝1	-0.38	0.19 ***	-0.22	0.17	-1.08	0.45 **
	正規職員＝1	0.89	0.21 ***	0.00	0.24	1.44	0.36 ***
社会貢献活動状況	多い、中心的＝1	0.29	0.17 *	-0.25	0.19	0.29	0.26
定数項		-1.31	0.32 ***	-1.50	0.34 ***	-4.36	0.55 ***
N				2,973			
疑似決定係数				0.084			

(注) ***0.1％、**1％、*5％、†10％。

表 4.5 「社会貢献ができる」の 4 類型の規定要因

		1 動高・現高		2 動低・現高		3 動高・現低	
		係数	標準誤差	係数	標準誤差	係数	標準誤差
性別	男性＝1	−0.01	0.15	−0.26	0.20	0.21	0.24
既未婚	既婚＝1	0.04	0.11	0.16	0.15	−0.09	0.18
年齢	連続	−0.03	0.01 ***	−0.02	0.01 ***	0.00	0.01
本人年収	100万円未満	0.24	0.19	−0.47	0.24 *	0.65	0.32 **
(200～300万円未満)	100万～150 (200) 万円未満＝1	0.02	0.18	−0.51	0.21 **	0.21	0.32
	300万～400万円未満＝1	0.09	0.18	0.05	0.24	−0.38	0.30
	400万～600万円未満＝1	0.37	0.20 *	0.44	0.27 †	0.17	0.31
	600万円以上＝1	0.28	0.30	0.06	0.41	0.11	0.44
最終学歴 (中学・高校卒)	高専・短大・専門学校卒＝1	0.56	0.13 ***	0.57	0.15 ***	0.67	0.22 ***
	大学・大学院卒＝1	0.62	0.12 ***	−0.15	0.16	0.67	0.20 ***
主な仕事 (宅配)	店舗＝1	−0.16	0.12	−0.13	0.15	0.07	0.20
	その他＝1	−0.11	0.27	−0.37	0.39	−0.49	0.54
役職 (役職なし)	副店長、副センター長以上＝1	0.71	0.27 ***	1.40	0.31 ***	0.10	0.39
	チーフ・リーダークラス＝1	−0.09	0.15	0.17	0.20	−0.43	0.23 *
	アルバイト職員＝1	−0.37	0.17 **	−0.51	0.23 **	−0.68	0.29 **
就業形態 (パート職員)	正規職員＝1	1.02	0.20 ***	0.37	0.25	1.67	0.34 ***
社会貢献活動状況	多い、中心的＝1	0.36	0.16 **	0.17	0.21	0.33	0.25
定数項		−0.31	0.30	−0.55	0.37	−3.39	0.52 ***
N				2,995			
疑似決定係数				0.090			

(注) ***0.1%、**1%、*5%、†10%。

結果となった。次に，②動低・現高の「期待以上」のグループは，④動低・現低のタイプに比べて，女性，年収が400万〜600万円，高専・短大・専門学校卒以上，副店長以上の役職についている。最後に，③動高・現低の「期待外れ」グループは，④動低・現低のタイプに比べて，男性，年齢が高い，大学・大学院卒，役職についていない，正規職員あるいはパート職員（アルバイト職員ではない），という傾向が見られる。

　同様に，表4.5の「社会貢献ができる」について見ると，①動高・現高の「期待どおり」のグループは，④動低・現低のタイプに比べて，年齢が若い，年収が400万〜600万円，高専・短大・専門学校卒以上，副店長以上の役職，正規職員あるいはパート職員，社会貢献活動に熱心，という結果となった。②動低・現高の「期待以上」のグループは，④動低・現低のタイプに比べて，年齢が若い，年収が200万〜300万円，高専・短大・専門学校卒，副店長以上の役職についている，パート職員，という傾向が見られた。③動高・現低の「期待外れ」のグループは，④動低・現低のタイプに比べて，年収100万円未満，高専・短大・専門学校卒以上，役職についていない，正規職員あるいはパート職員，という傾向が見られる。

　表4.4と表4.5のベース・カテゴリを替えて分析を行った結果で，共通した傾向を示すと，①動高・現高の「期待どおり」のグループは，年齢が若い，高学歴，正規職員かパート職員，社会貢献活動に熱心，②動低・現高の「期待以上」のグループは，チーフや副店長以上の役職者，③動高・現低の「期待はずれ」のグループは，年齢が高い，高学歴，役職についていない，正規職員かパート職員，④動低・現低の「期待しない」グループは，本人年収が低い，中・高卒，役職についていない，パートかアルバイト職員，であった。

4. 多変量解析による就業継続意思の分析

4.1　分析

　ここからは非営利組織固有の意識が就業継続意思にどのような影響を与えているかを，正規職員，パート職員，アルバイト職員のサンプルに分けて分析する。被説明変数は，就業継続意思の「4 そう思う」から「1 そう思わない」ま

での4段階の順序尺度で，順序ロジスティック回帰分析で推定する。

　投入する説明変数は，「社会貢献活動状況」，入職時に非営利組織を選好していることを認識する「民間企業ではなく生協で働きたかったから（Q18-J）」，また，利他的意識の強さを認識する「組合員の役に立っている（Q19-J）」の変数を投入する。また，非営利組織固有の意識項目である「生協理念と社会目的への共感（Q18-B，Q19-B）」と「社会貢献が出来る（Q18-H，Q19-H）」については，まず，Q18の入職動機について，それぞれ設問項目の「5あてはまる」〜「1あてはまらない」の5段階の順序尺度で投入し（推定1，2），次に推定3でQ19の現在評価の順序尺度を投入する。推定4では，現在評価と入職動機のスコア差の数値を投入する。最後に，入職動機と現在評価の4類型の変数を投入する（推定5，6）。なお，統制変数として3.3で説明した個人属性等を入れる。

4.2　結果

　推定の結果（表4.6，表4.7）を見ていこう。まず推定1（表4.6）から，個人属性等の統制変数を見ると，性別は，全体の推定では男性ダミーが有意で負になっており，女性より男性の就業継続意思が低いことがわかる。既未婚の別は，全体とアルバイト職員で，既婚ダミーが有意で正になっており，既婚者のほうが就業継続を希望する傾向がある。年齢は有意になっておらず就業継続に影響を及ぼしていない。本人年収は，ベースを「200万〜300万円」に設定しており，ベースよりも低い年収層と高い年収層で有意に正の値をとっている。特にパート職員では低い年収層での就業継続意思が高い。正規職員では，「200万〜300万円」の層に比べ「400万〜600万円」の層で就業継続を希望する傾向にある。「200万〜300万円」の年収層は，正規職員とパート職員双方に重なるのだが，この年収層では双方とも就業継続を希望しない傾向が強く表れている。最終学歴については，全体とアルバイト職員の推定で，ベースの「中学・高校卒」に比べて「高専・短大・専門学校卒」のグループが就業継続を希望しない傾向が見られる。「主な仕事」については，全体とパート・アルバイト職員の分析で「その他」ダミーが有意で正の値になっており，ベースの「宅配」に比べて「その他」の仕事についている場合には就業継続を希望する傾向にある。役職については，全体と正規職員，パート職員の分析の中で，副店長，副セン

ター長以上の役職についている者は，就業継続を希望する傾向が見られる。就業形態については，全体の推定の中で，ベースの「パート職員」に比べて，「アルバイト職員」は有意で正の値であることから，就業継続を希望し，「正規職員」は有意で負であることから，就業継続を希望しない傾向が見られている。

　次に，「社会貢献活動の状況」の結果について見ると，すべての分析で有意な結果が得られていない。3.4項の分析で見たように，この変数は非正規固有の意識類型には影響を与えるが，直接的には生協での就業継続意思には影響を及ぼしていない。

　非営利組織固有の意識項目について見ていこう。「非営利入職選好」はすべての就業形態で有意で正の値となっている。中でも，パート職員の係数が高く，あえて民間企業ではなく生協を選んで入職してきた人は，その後の就業継続意思も高いと考えられる。「利他的意識」もすべての就業形態で，有意で正の値となっており，正規職員の係数が一番高い。正規職員の持つ利他的意識は，就業継続意思に強く働きかけていると思われる。

　以上の変数は，すべての推定に共通して投入しており，傾向はほぼ同じであるため，推定2〜6の表からは割愛している。以下，非営利組織固有の意識項目のうち，「理念や社会目的への共感」と「社会貢献が出来る」の項目は，推定ごとに投入する変数を変えている。

　推定1，2は入職動機（Q18）の「理念や社会目的への共感」と「社会貢献が出来る」（5順序尺度）を入れている。同時に投入すると多重共線性が起こるため，推定1と2に分けた。結果を見ると，「理念や社会目的への共感」はすべての就業形態で有意（＋）となっている。一方で「社会貢献が出来る」は，パート職員以外で有意（＋）であったが，「理念や社会目的への共感」に比べると係数も低いため，相対的に就業継続意思への影響が小さいと考えられる。

　推定3は，現在評価（Q19）について推定1，2と同じく5順序尺度を投入している。こちらは多重共線性の問題がみられなかったため，同時に投入した。「理念や社会目的への共感」はすべて有意（＋）となっており，係数も高く，この意識が高まると就業継続意識が強くなることがわかる。一方，「社会貢献が出来る」については，パート職員以外の推定で有意（＋）になっている。

　推定4は，現在評価と入職動機のスコア差を投入しており，変数はプラスで

表 4.6　非営利組織固有の意識と就業継続意思の関係（推定 1〜4）

（推定 1：入職動機、理念や社会目的への共感）

被説明変数：就業継続意思（「4 そう思う」〜「1 そう思わない」）

説明変数	全体 係数	全体 標準誤差	正規職員 係数	正規職員 標準誤差	パート職員 係数	パート職員 標準誤差	アルバイト職員 係数	アルバイト職員 標準誤差
性別（男性=1）	-0.27	0.11 **	-0.17	0.16	-0.19	0.19	-0.32	0.33
既未婚（既婚=1）	0.21	0.09 ***	0.17	0.12	0.21	0.14	0.51	0.28 *
年齢（連続）	5.E-04	4.E-03	-4.E-03	6.E-03	2.E-03	7.E-03	7.E-03	1.E-02
本人年収（100万円未満）								
100万〜200万円未満=1	0.59	0.14 ***	0.72	0.36 **	0.60	0.18 ***	0.89	0.46 *
（200万〜300万円未満）								
300万〜400万円未満=1	0.48	0.13 ***	0.49	0.39	0.53	0.16 ***	0.55	0.50
400万〜600万円未満=1	0.24	0.14 *	0.23	0.17	0.01	0.34	1.44	0.79 *
600万円以上=1	0.44	0.16 ***	0.48	0.19 **	0.19	0.73	2.57	1.31 *
最終学歴（中学・高校卒）高専・短大・専門学校卒=1	0.09	0.24	0.16	0.27	0.99	0.92	0.00	(omitted)
大学・大学院卒=1	-0.16	0.09 *	-0.27	0.21	-0.02	0.12	-0.41	0.20 *
主な仕事（宅配）店舗=1	-0.04	0.09	-0.12	0.13	-0.08	0.18	0.20	0.25
その他=1	-0.04	0.09	0.04	0.18	-0.02	0.13	-0.16	0.18
役職（役職なし）副店長、同センター長以上=1	0.84	0.20 ***	0.56	0.47	1.02	0.37 ***	0.85	0.31 ***
チーフ・リーダークラス=1	0.96	0.20 ***	0.77	0.21 ***	2.28	1.16 **	0.00	(omitted)
アルバイト職員=1	0.18	0.12	0.11	0.13	0.38	0.33	0.65	1.56
就業形態（パート職員）正規職員=1	0.36	0.12 ***					0.00	(omitted)
	-0.48	0.15 ***						
社会貢献活動状況 多い、中心的=1	0.14	0.12	0.18	0.21	-0.06	0.21	0.09	0.26
非営利人職選好 [5 あてはまる]〜[1 あてはまらない]	0.26	0.04 ***	0.24	0.06 ***	0.36	0.08 ***	0.17	0.10 *
利他的意識 [5 あてはまる]〜[1 あてはまらない]	0.46	0.04 ***	0.58	0.07 ***	0.33	0.09 ***	0.39	0.10 ***
入職動機：理念や社会目的への共感 [5 あてはまる]〜[1 あてはまらない]	0.25	0.04 ***	0.23	0.06 ***	0.27	0.08 ***	0.36	0.10 ***
切片 1	0.61	0.27	1.44	0.39	0.58	0.49	0.18	0.80
切片 2	2.08	0.27	2.74	0.40	2.27	0.49	2.11	0.78
切片 3	4.27	0.28	4.76	0.41	4.59	0.50	4.54	0.81
N	2,960		1,254		1,190		513	
疑似決定係数	0.073		0.077		0.065		0.079	

（注）　*** 0.1%、** 1%、* 5%、† 10%。

（推定 2：入職動機、社会貢献が出来る）

	全体		正規職員		パート職員		アルバイト職員	
	係数	標準誤差	係数	標準誤差	係数	標準誤差	係数	標準誤差
被説明変数：就業継続意思（「4 そう思う」～「1 そう思わない」）								
（上記説明変数省略）								
入職動機：社会貢献が出来る ［5 あてはまる］～［1 あてはまらない］	0.11	0.04 **	0.13	0.06 **	0.06	0.08	0.18	0.11 *
切片 1	0.56	0.27	1.44	0.40	0.15	0.43	0.03	0.80
切片 2	2.02	0.27	2.73	0.40	1.81	0.43	1.95	0.78
切片 3	4.20	0.28	4.74	0.42	4.13	0.44	4.35	0.80
N	2,957		1,254		1,188		512	
疑似決定係数	0.069		0.073		0.061		0.071	

注：***0.1%、**1%、*5%、†10%

（推定 3：現在評価）

	全体		正規職員		パート職員		アルバイト職員	
	係数	標準誤差	係数	標準誤差	係数	標準誤差	係数	標準誤差
被説明変数：就業継続意思（「4 そう思う」～「1 そう思わない」）								
（上記説明変数省略）								
現在評価：理念や社会目的への共感 ［5 あてはまる］～［1 あてはまらない］	0.64	0.05 ***	0.70	0.07 ***	0.69	0.08 ***	0.33	0.12 ***
現在評価：社会貢献が出来る ［5 あてはまる］～［1 あてはまらない］	0.18	0.05 ***	0.35	0.09 ***	-0.04	0.09	0.24	0.12 **
切片 1	1.34	0.28	2.22	0.41	0.99	0.45	0.61	0.82
切片 2	2.90	0.28	3.66	0.42	2.73	0.45	2.54	0.80
切片 3	5.21	0.29	5.85	0.44	5.17	0.47	5.02	0.83
N	2,954		1,254		1,185		512	
疑似決定係数	0.103		0.123		0.090		0.085	

（注）：***0.1%、**1%、*5%、†10%。

（推定4：入職動機と現在評価のギャップ）

	全体		正規職員		パート職員		アルバイト職員	
	係数	標準誤差	係数	標準誤差	係数	標準誤差	係数	標準誤差
被説明変数：就業継続意思（「4 そう思う」～「1 そう思わない」）								
（上記説明変数省略）								
ギャップ：理念や社会目的への共感「5 あてはまる」～「1 あてはまらない」	0.26	0.04 ***	0.31	0.06 ***	0.34	0.07 ***	-0.05	0.10
ギャップ：社会貢献が出来る「5 あてはまる」～「1 あてはまらない」	0.14	0.05 ***	0.16	0.07 ***	0.06	0.08	0.16	0.12
切片1	0.66	0.27	1.17	0.39	0.45	0.44	0.09	0.80
切片2	2.14	0.27	2.50	0.39	2.13	0.44	1.99	0.78
切片3	4.36	0.28	4.56	0.41	4.49	0.45	4.40	0.80
N	2,950		1,254		1,182		511	
疑似決定係数	0.078		0.087		0.070		0.072	

（注）　***0.1%、**1%、*5%、†10%。

表 4.7　入職動機と現在評価の 4 類型に見る就業継続意思の関係

（推定 5：「理念や社会目的に共感」の入職動機と現在評価の 4 類型）

被説明変数：就業継続意思（「4 そう思う」～「1 そう思わない」）	全体		正規職員		パート職員		アルバイト職員	
	係数	標準誤差	係数	標準誤差	係数	標準誤差	係数	標準誤差
（上記説明変数省略）								
理念や社会目的に共感（2 動低・現高）								
1 動高・現高 = 1	0.01	0.13	-0.15	0.18	-0.01	0.21	0.26	0.35
3 動高・現低 = 1	-1.04	0.17 ***	-1.17	0.22 ***	-0.96	0.40 **	-1.05	0.80
4 動低・現低 = 1	-0.86	0.11 ***	-1.03	0.18 ***	-0.94	0.16 ***	-0.43	0.26 *
切片 1	-0.82	0.30	-0.20	0.45	-1.21	0.48	-0.69	0.86
切片 2	0.65	0.30	1.11	0.45	0.46	0.48	1.22	0.84
切片 3	2.89	0.31	3.21	0.45	2.85	0.48	3.63	0.86
N	2,960		1,254		1,190		793	
疑似決定係数	0.084		0.091		0.078		0.073	

（注）*** 0.1％，** 1％，* 5％，† 10％。

（推定 6：「社会貢献が出来る」の入職動機と現在評価の 4 類型）

被説明変数：説明就業継続意思（「4 そう思う」～「1 そう思わない」）	全体		正規職員		パート職員		アルバイト職員	
	係数	標準誤差	係数	標準誤差	係数	標準誤差	係数	標準誤差
（上記説明変数省略）								
社会貢献が出来る（2 動低・現高）								
1 動高・現高 = 1	0.08	0.13	-0.15	0.18	0.18	0.23	0.40	0.42
3 動高・現低 = 1	-0.78	0.17 ***	-0.94	0.23 ***	-0.38	0.33	-0.99	0.57 *
4 動低・現低 = 1	-0.51	0.12 ***	-0.77	0.18 ***	-0.33	0.19 *	-0.25	0.35
切片 1	-0.27	0.31	0.20	0.44	-0.42	0.49	-0.38	0.89
切片 2	1.20	0.30	1.51	0.44	1.24	0.49	1.54	0.88
切片 3	3.40	0.31	3.56	0.45	3.57	0.50	3.95	0.89
N	2,963		1,254		1,191		515	
疑似決定係数	0.075		0.082		0.064		0.077	

（注）*** 0.1％，** 1％，* 5％，† 10％。

あれば現在評価が高いと解釈出来る。正規職員とパート職員（「理念や社会目的に共感」の変数）の分析では有意（＋）になっており，入職時よりも現在，社会貢献が出来ていると感じていれば，就業継続を希望する傾向にある。アルバイト職員に関しては，前掲図4.1ではスコア差は大きかったが，当該分析では就業継続意思に影響を与えていない。

　表4.7は入職動機と現在評価の4類型から就業継続意思との関係を見ている。推定5は「理念や社会目的への共感」の4類型を投入した分析である。ベース・カテゴリを②動低・現高の「期待以上」の意識を持つグループで見た場合，①動高・現高の「期待どおり」のグループとは就業継続意思に有意な差がない。逆に③「動高・現低」の「期待外れ」のグループを見ると，全体と正規職員，パート職員の分析では有意で負の値となった。しかもかなり係数の値が低く，④「動低・現低」の「期待しない」グループの係数よりも低くなっている。つまり，生協の理念や社会目的への共感に最初から「期待しない」人よりも，後に「期待外れ」に思った人のほうが，就業継続を希望しなくなると解釈できる。

　推定6は「社会貢献が出来る」の4類型を投入した分析である。推定5と同じくベース・カテゴリを②動低・現高の「期待以上」の意識を持つグループとしている。推定5よりも有意となった変数が少ないが，全体と正規職員の推定で③「動高・現低」の「期待外れ」のグループと④「動低・現低」の「期待しない」グループにおいて有意で負となった。係数も③「動高・現低」の方が低く，生協で社会貢献が出来ることを期待して入職し，「期待外れ」に思った人の就業継続意思が低くなる傾向にある。また，アルバイト職員については，③「動高・現低」が有意（－）で係数がかなり低い。このことから，アルバイト職員で「期待外れ」に思っている人は，就業継続を希望しない可能性が高いといえるだろう。

5.　まとめ

　生協という法人組織の持つ固有性を念頭に置きつつ，生協の理念の共感や社会貢献意識，それらの入職時と現在の評価の変化が，就業継続意思に与える影響について分析してきた。

　分析仮説，①生協の理念や社会目的への共感や社会貢献などの，非営利組織固有の意識が高い人ほど就業継続意思が高い，②非営利組織固有の意識が入職時点より調査時点のほうが高い人ほど就業継続意思が高い，③非営利組織固有の意識が入職時点では高かったが調査時点で低下した人の就業継続意思の落ち込みは，もともと非営利組織固有の意識が低かった人よりも大きい，ということを正規職員とパート・アルバイト職員に分けて分析し，①～③の仮説とも実証することができた。結果をまとめておきたい。

　今回の分析からは，職員の就業継続に非営利組織固有の意識が大きな影響を及ぼしていることが明らかになった。正規職員にあっては，当然の影響かもしれないが，パート・アルバイト職員もまた組織理念の共有が重要であり，いずれの職員でも非営利組織を選好して入職してきたり，利他的意識が強い人のほうが就業継続を希望することがわかった。

　生協の理念や社会目的への共感，社会貢献については，特に正規職員の就業継続意思への影響が大きく，入職時にその動機が高い場合は，現在もその意識が保たれていれば就業継続につながるが，逆に保たれていないと，就業継続意思の低下が著しくなる。この落ち込みは，もともと期待しないで入職した人よりも大きい。このことから，正規職員の入職時には，生協の非営利組織固有の事柄について，意識を擦り合せることが重要で，逆に生協独自の理念や方針について知らなくても，入職後にその意識を高めることができれば，十分定着につながるといえるだろう。

　パート職員に関しても，生協の理念や社会目的の共有の入職時の動機が満たされているかどうかが就業継続につながっている。社会貢献ができるかどうかは，それほど影響しない。ただ，民間企業ではなく生協を選んで入職してきているパート職員は，正規職員やアルバイト職員に比べて就業継続意思が高い傾向にある。

　生協は非営利組織であり，組織の理念や社会目的といったミッションの追求が経営の根底にある。営利企業とは異なる，内発的動機を重視したマネジメントにより，正規職員だけでなく，パート・アルバイト職員も定着に導くことができるかもしれない。

◆参考文献

小野晶子（2018）「生協職員の社会貢献意識は定着と就業意欲に影響を与えるか」，『生協職員の働き方の現状と課題～ワークライフバランス研究会 2017 年度の成果まとめ～』生活総研レポート No. 88，生協総合研究所。

伊原美恵子・井川静恵・柿澤寿信（2007）「プロフェッショナリズム・ボランティズムと職務満足度：共同組合系医療機関を対象とした実証分析」，『国際公共政策研究』11(2)，143-152 頁。

田尾雅夫（1999）『ボランタリー組織の経営管理』有斐閣。

ドラッカー，P. F.（1991）『非営利組織の経営―原理と実践』（上田惇生訳）ダイヤモンド社。

森山智彦（2016）「キャリアとしての NPO ―年齢による継続意思の決定要因の違いと経年変化―」（第 5 章），『NPO の就労に関する研究―恒常的成長と震災を機とした変化を捉える―』労働政策研究報告書 No. 183，労働政策研究・研修機構。

労働政策研究・研修機構 JILPT（2006）『NPO の有給職員とボランティア―その働き方と意識―』労働政策研究報告書 No. 60，労働政策研究・研修機構。

労働政策研究・研修機構 JILPT（2015）『NPO 法人の活動と働き方に関する調査（団体調査・個人調査）―東日本大震災復興支援活動も視野に入れて―』JILPT 調査シリーズ No. 139，労働政策研究・研修機構。

Andoreoni, J. (1989) "Giving with impure altruism: applications to charity and Ricardian equivalence," *Journal of Political Economy*, vol. 97, no. 6, 1447-1458.

Andoreoni, J. (1990) "Impure Altruism and Donation to Public Goods: A Theory of Warm-Glow Giving," *The Economic Journal*, Vol. 100, No. 401 (Jun., 1990), 464-477.

Becker, G. S. (1976) "Altruism, Egoism, and Genetic Fitness: Economics and Sociobiology," *Journal of Economic Literature*, Vol. 14, No. 3 (Sep., 1976), 817-826.

Freeman, R. B. (1997) "Working for Nothing: The Supply of Volunteer Labor," *Journal of Labor Economics*, vol. 15, no.1, part 2, S140-S166.

Menchik, P. L. and Weisbrod, B. A. (1987) "Volunteer labor supply," *Journal of Public Economics*, vol. 32, no. 2, 159-183.

Morrow-Howell and Mui (1989) "Elderly volunteers: Reasons for initiating and terminating service," *Journal of Gerontological Social Work*, 13, pp. 21-35.

Preston, A. E. (1989) "The Nonprofit Worker in a For-Profit World," *Journal of Labor Economics*, vol. 7, no. 4, 438-463.

第5章　就業形態の多様化が職員の就業継続意思に与える影響
——仕事満足度に注目して——

中村由香

1.　はじめに

　本章の目的は，生協組織における就業形態の多様化が，生協職員の就業継続意思に与える影響を検討することである。本章では特に，多様化した就業形態別の職員の仕事満足度に注目し，それらが就業継続意思の向上にどのように結びつくのかを明らかにする。

　本章が，就業形態の多様化と就業継続意思との関係に着目する背景は，次のとおりである。労働者に占める非正規雇用の割合が拡大するにつれ，賃金，あるいは担当する仕事や責任の範囲などの処遇面で，正規労働者と非正規労働者の間には「働き方の二極化」というべき格差があることが課題とされてきた。この「働き方の二極化」の問題を解消するために，労働者の希望に応じた多様な働き方の導入が促進されている。多様な働き方の導入は，労働者の就業形態の選択肢を増やし，自らの望む働き方を選択できることにつながり，労働者の確保・定着を促す効果もある。

　生協においても，労働者の確保と定着が課題となっており，この対応策の一つとして就業形態を多様化する動きがすすめられている。この多様化という対応策が，実際に労働者の就業継続意思にどのように関連しているのかを実証的に検討することは，生協のみならず流通・小売業における人材確保策を考えるうえで重要だと考えられる。

　本章の構成は以下のとおりである。第2節では，先行研究を整理し，本章の

分析課題を明らかにする。第3節では，生協組織における就業形態の多様化の概況を把握する。第4節では，就業形態の多様化が職員の仕事満足度にどのような影響を与えるのかを明らかにする。第5節では，就業形態の多様化，仕事満足度，現在の勤務先生協での就業継続意思，の3つの変数の関係を明らかにする。具体的には，就業形態の多様化と現在の勤務先生協での就業継続意思との関係を，その媒介要因である仕事満足度に注目して検討する。最後に第6節では，分析結果をまとめるとともに，職員の確保・定着を図るうえで，就業形態の多様化がどのような意義や課題を持つのかを検討する。

2. 先行研究の検討と本章の分析課題

2.1 正規雇用と非正規雇用の間の働き方の格差とその解消

　近年，労働市場における非正規雇用の増加に伴い，正規雇用と非正規雇用の間にある「働き方の二極化」が議論となってきた。正規雇用と非正規雇用の間には，賃金などの経済的報酬の面だけでなく，雇用の安定性や職業訓練へのアクセス，仕事の自律性といった非経済的側面においても大きな格差があることが課題視されている。

　例えば，非正規雇用は正規雇用に比べて解雇されやすく雇用が不安定になりやすいこと（中村・脇田 2011），正規雇用に比べて低賃金であり勤続による賃金上昇も限られていること（永瀬 1995；厚生労働省 2018），能力開発の機会に恵まれない場合が多いこと（厚生労働省 2014），が指摘されてきた。一方，正規雇用は非正規雇用に比べて，長時間労働や残業が多いこと，それに伴うストレスの増加などの健康への悪影響があること，転勤による家庭生活への支障などに直面しやすいことが指摘されてきた（濱口 2009；濱口 2011；小倉 2011）。

　しかしこれら，正規・非正規間の働き方の格差をめぐっては，それを解決すべき課題として捉えるかどうかについて見解が分かれている。なぜならば，労働者は自らの就業形態について，正規雇用と非正規雇用それぞれの働き方の特徴をふまえて自発的に選択している側面があるからである。例えば佐藤・小泉（2007）は，正社員と非正社員で仕事に対する志向あるいは働くことに求める報酬の内容や優先順位が異なっており，労働者が自らの志向に応じて就業形態を

積極的に選択している側面があることを明らかにしている。ほかにも，就職段階で自発的にパートを選択した人は，正社員を望んでいながら非自発的にパートになった人と比べて，正社員との賃金格差は補償賃金差に過ぎないと捉えて納得する傾向があることが明らかにされている（篠崎・石原・塩川・玄田 2003）。

　これらの状況が明らかになるにつれ，自らの望まない就業形態で働かざるをえない労働者が課題視されるようになってきた。そして，二極化の中間レベルの就業形態の選択肢を増やし，労働者が自らの希望に応じて働けるようにするために，「多様な働き方」の導入が労働政策上の課題として提起されてきた（厚生労働省 2013）。具体的な取り組みとしては，正規雇用と非正規雇用の処遇格差の是正や，非正規雇用から正規雇用への転換の推進，限定正社員制度に代表される正規雇用の多様化が促進されつつある。

2.2　就業形態の多様化をめぐる新たな課題

　多様な働き方が導入されるにつれ，正規雇用・非正規雇用それぞれの内部で多様化した就業形態別に，新たな働き方の格差が生じつつある。それに伴い，それらをいかに均衡にすべきか，という人事管理上の課題が浮上してきた（佐藤・佐野・原 2003）。

　例えば，非正社員から正社員に登用・転換した者と他正社員との働き方の格差をめぐっては，学校卒業後一貫して正社員であった者に比べて登用・転換者のほうが，賃金，職業能力開発，仕事満足度が劣ることが明らかにされている（李 2011；労働政策研究・研修機構 2019）。また高橋（2016）は，労働時間，賃金水準，職務レベルの３つの指標に着目し，労働時間においては両者に差はないが，賃金水準，職務レベルにおいては，正社員に登用・転換した者のほうが他正社員よりも低い水準になることを指摘している。

　さらに，限定正社員と無限定正社員との間の働き方の格差も指摘されている。例えば，職種，勤務地，労働時間の限定のタイプ別に働き方の特徴と課題を整理した高橋（2013）は，職種限定正社員は無限定正社員に比べて企業内労働市場でのキャリア形成が困難になることや，勤務地限定正社員は無限定正社員との賃金の差に対して不満を感じやすいことを明らかにしている。同様に森山（2016）も，限定のタイプに着目しつつ，限定正職員の中には無限定正社員より

も賃金や能力開発機会，キャリアの安定性等の面で劣っていると実感する者がいることを指摘している。

さらに池田（2016）は，限定正社員という雇用区分の導入は，周辺労働力の再編成に過ぎないのか，それとも基幹労働力の働き方の多様化を意味するのか，という問いを検討している。その結果，企業の職種や企業の人材活用の方針によって，いずれの可能性も生じることを明らかにし，正社員の多様化が必ずしも良質な働き方の選択肢の提供となりうるわけではないことを指摘している。

2.3　就業形態間の働き方の格差が就業継続に与える影響

ここまで述べてきたような働き方の二極化や格差について，それがどのように存在しているのかを明らかにし，またその解決策を検討するためには，格差をどのような指標で捉えるのかが問題となる。このような指標として，客観的指標と主観的指標が考えられる。客観的指標としては労働時間や賃金水準などがあるが，この指標はたとえそれが同じ水準でも，その水準に対する良し悪しの感じ方は労働者の志向性や仕事に期待するものによって異なるという課題がある。したがって，働き方の格差を把握するうえでは，労働者本人の受け止め方を重視する主観的指標の有効性が主張されている。例えば，欧米諸国を中心に労働者の「仕事の質」という概念が出され，この概念を用いて，就業形態間の働き方の格差が議論されている。仕事の質とは，賃金や付加給付，仕事の自律性や労働時間の柔軟性といった複数の次元を対象として，それらを労働者が望ましいと感じているかどうかを把握することで，仕事の特徴を多面的・統合的に捉えようとする考え方である（Kalleberg 2011）。ほかに西川（2013）も，働き方の格差を議論する際に労働者の主観的認知に着目する必要性を示している。そのうえで，働き方の格差を構成する要素間の関係性を検討することで，格差の所在やその解決法についての議論がより精緻化されると指摘している。

これらをふまえて本章では，就業形態別の働き方の格差を議論する際に，仕事満足度の変数を用いる。詳細は後述するが，本章で用いる仕事満足度は，経済的側面のみならず非経済的側面も含めた仕事の質を構成する要素ごとの満足度の合成尺度であり，労働者の仕事に対する包括的な評価を示すものである。この仕事満足度をめぐっては，それが労働者の離職・転職行動と関連している

ことが明らかにされている。主に海外で多くの知見が蓄積されており，これに
よれば，仕事満足度は労働者の離転職を決定する重要な変数であり，仕事満足
度の高さが離転職を抑制する傾向があると指摘されている（Freeman 1978;
Clark et al. 1998; Sousa-Poza et al. 2007）。ほかにも，仕事満足度は労働者の離転
職意向を規定する先行要因であること，仕事満足度の高さは労働者の個人特性
よりも職場環境によって決定される傾向があること，これらをあわせて考える
と，仕事満足度は職場環境と離転職意向とを媒介する変数であると指摘されて
いる（Lambert et al. 2001）。日本でも近年，仕事満足度と離転職行動の関連が
検証されている。例えば田中（2013）は，パネルデータを用いて個人が持つ固
有の特性の影響を除去したうえで，労働者の前年の仕事満足度が翌年の離職行
動を抑制する傾向があることを明らかにしている。

2.4　本章の分析課題

このような背景をふまえて，本章では，生協職員の就業形態の多様化と現在
の勤務先生協での就業継続意思との関係を，その媒介要因である仕事満足度に
注目して検討する。具体的には，次の3点の分析課題を設定する。

第1に，生協職員の就業形態の多様化の状況を把握する。具体的に，正規職
員については，勤務地・職種・労働時間の限定がある職員の比率と，新卒採
用・中途採用・非正規職員からの内部登用といった正規職員への入職経路別の
比率を確認する。また非正規職員については，不本意非正規労働者の比率と，
正規職員への転換希望別の比率を確認する。

第2に，就業形態の多様化と仕事満足度との関係を確認する。前節で述べた
ように先行研究では，正規と非正規の間だけでなく，それぞれの内部で多様化
した就業形態別に働き方の格差が生じていることが明らかにされている。生協
組織においても多様化した就業形態別に仕事満足度に差があるのかを確認する。

第3に，就業形態の多様化と仕事満足度が，就業継続意思に与える影響を検
討する。先行研究の知見をふまえると，就業形態の多様化は仕事満足度に影響
を与えること，仕事満足度は勤務先生協での就業継続意思に影響を与えること
が予想される。

3. データと変数

3.1 データとサンプル

　本章で分析に用いるデータは，「生協職員の仕事と生活に関するアンケート調査」のデータである。分析対象としたのは，就業形態が正規職員・パート職員・アルバイト職員のいずれかで，年齢が60歳以下の労働者である。年齢が60歳以下の労働者に限定した理由として，定年退職前の労働者と定年退職以降に再雇用制度を利用して働く労働者では，就業継続意思を規定する要因が異なると考えられるからである。その他，分析に使用するいずれかの変数が欠損値をとるケースを除いた2,844サンプルを分析対象とした。

　分析に使用するサンプルの個人特性や組織特性は次のとおりである。就業形態は正規職員41.6%，パート職員41.5%，アルバイト職員16.9%である。個人特性としては，性別が男性42.5%，女性57.5%，平均年齢が45.2歳，平均教育年数13.8年（学歴別で見ると中学・高校卒41.3%，短大・高専・専門学校卒22.8%，大学・大学院卒35.9%），平均勤続年数は11.2年である。組織特性としては，勤務先の事業所の職種が宅配事業61.3%，店舗事業38.7%であり，勤務先の生協組織は生協a 32.0%，生協b 39.6%，生協c 28.4%である。

　なお以下の分析では，生協職員の就業形態について「正規職員」と「非正規職員」に類型して記述する。「非正規職員」を，「生協組織内で正規職員とは区分して管理されている職員」と定義することとし，パート・アルバイト職員の総称として用いる。この呼称は必ずしも適切とはいえないかもしれないが，ここでは正規職員と区分するということで，この呼称を使用する。

3.2 分析方法と変数

　本章の分析で扱う主要な変数として，まず就業形態の多様化に関する変数がある[1]。就業形態の多様化に関しては，正規職員と非正規職員でそれぞれ使用する設問が異なる。正規職員には，正規職員として働き始めた時の入職経路についての設問と，限定正規職員かどうかを尋ねる設問の2つを用いる。一方，非正規職員については，不本意非正規雇用かどうかを尋ねる設問と，正規職員

への転換希望を尋ねる設問の2つを用いる。

さらに本章では，働き方の格差を測る指標として仕事満足度を用いる。本章で用いる仕事満足度は，以下の12項目（仕事の内容・やりがい，賃金，労働時間・休日等の労働条件，人事評価・処遇のあり方，職場の環境，正規職員との人間関係・コミュニケーション，正規職員以外の労働者との人間関係・コミュニケーション，職場の上司との人間関係，雇用の安定性，福利厚生，教育訓練・能力開発のあり方，組合員・顧客との人間関係）に対する満足度の合成尺度を使用する。この12項目のクロンバックの α 係数は職員全体で0.903，正規職員で0.892，非正規職員で0.914であり，内的一貫性は高い。

これらを含め，本章で分析に使用した変数とその作成方法は，表5.1のとおりである。また，記述統計量については本章末尾に記載している。

4. 生協組織における就業形態の多様化の概況

まず，生協組織内での就業形態の多様化の概況を記述統計から把握する。前節で記述したとおり調査データでは，就業形態の多様化に関して正規職員と非正規職員にそれぞれ別の問いを設けている。正規職員には，（1）正規職員として働き始めた時の入職経路，（2）勤務地・職種・労働時間の限定の有無，の2つの設問を設けている。そして非正規職員には，（1）不本意非正規雇用かどうか，（2）正規職員への転換希望，の2つの設問を設けている。

まず，正規職員に対する2つの設問の集計結果を見ていく。正規職員として働き始めた時の入職経路別の比率については，定期・新卒採用が49.5%，経験者・中途採用が47.2%，内部登用が3.4%であった。さらに，勤務地・職種・労働時間の限定の有無については，限定なしは68.0%，限定ありは32.0%であった。

次に，非正規職員に対する2つの設問の集計結果を見ていく。非正規職員に対し，もともとこの就業形態で働くことを希望していたかを尋ねた結果，希望

1）分析に用いた設問については，本書末尾の付録に掲載している。なお，就業形態の多様化に関する制度として，生協によっては正規職員から非正規職員への転換制度を設けているところがある。ただし，転換の実績は非常に少ないため，今回の調査票には設問として設計しなかった。

表 5.1　分析に用いた変数の作成方法

対象	変数名	作成の方法
全職員を対象とした設問	性別（Q28）	「男性 = 0」,「女性 = 1」としたダミー変数。
	年齢（Q29）	実数。
	本人の最終学歴（Q39）	教育年数に変換した値。「中卒：9 年」,「高卒：12 年」,「専門学校・高専・短大卒：14 年」,「大卒：16 年」,「大学院修了：18 年」と割り当て。
	婚姻状態（Q31）	「未婚・離別・死別 = 0」,「既婚（事実婚含む）= 1」としたダミー変数。「その他」は欠損値。
	同居の子ども（Q33）	「同居の子どもはいない = 0」,「同居の子どもがいる = 1」としたダミー変数。
	世帯の家計状況（Q25）	「良い」,「普通」,「悪い」の 3 つのダミー変数。
	勤続年数（Q30）	実数。
	役職（Q43）	「役職についていない = 0」,「役職についている = 1」としたダミー変数。
	職種（A1）	「宅配事業 = 0」,「店舗事業 = 1」としたダミー変数。
	仕事満足度（Q2）	12 項目について「不満 = 1」～「満足 = 5」の 5 段階の回答の合計。
	就業継続意思（Q12）	「そう思う（勤め続けたい）= 4」,「どちらかといえばそう思う（どちらかといえば勤め続けたい）= 3」,「どちらかといえばそう思わない（どちらかといえば勤め続けたいと思わない）= 2」,「そう思わない（勤め続けたくない）= 1」とした変数。
正規職員を対象とした設問	正規職員として働き始めた時の入職経路（Q41）	「定期・新卒採用」,「経験者・中途採用」,「内部登用」の 3 つのダミー変数。
	勤務地・職種・労働時間の限定の有無（Q40）	「限定なし = 0」「限定あり = 1」のダミー変数。
非正規職員を対象とした設問	不本意非正規雇用かどうか（Q45）	非正規職員として働くことを「希望していた（本意型）= 0」,「希望していなかった（不本意型）= 1」としたダミー変数。
	正規職員への転換希望（Q46）	「転換したい」,「転換したいか分からない」,「転換したくない」の 3 つのダミー変数。

していたと答えた本意型の職員は 93.4%，希望していなかったと答えた不本意型の職員は 6.6% であった。この不本意型の比率を他の調査と比較すると，例えば総務省『労働力調査』では 2018 年平均で 12.8% であり（総務省 2019）[2]，こ

の比率より低い傾向はあるものの，生協で働いている非正規職員の中には入職時に自らの希望とは異なる就業形態につかざるをえなかった人が存在する。さらに正規職員への転換希望については，正規職員に転換したいと答えた職員が13.8％，転換したくないと答えた職員が61.5％，正規職員に転換したいかどうかわからないと答えた職員が24.7％であった。なお，正規職員になりたいかどうかわからないという回答者は，正規職員になる具体的なメリットや正規職員になるための経路を見出すことができないために明確に転換希望を持てていないが，正規職員の転換可能性を潜在的に有していると解釈できる。このように考えると，非正規職員として働く者のうち4割弱が正規職員への転換可能性を持っている。

　これら正規職員と非正規職員の結果をふまえると，非正規職員の4割弱が正規職員への転換を視野に入れて働いているが，正規職員として働くための主要な入職経路は定期採用と経験者採用であり，実際の内部登用の実績は非常に低い点が，生協組織の特徴であるといえる。

5. 就業形態の多様化と仕事満足度の関係

　ここでは，就業形態と仕事満足度との関係を把握する。まず，正規職員と非正規職員それぞれの仕事満足度の平均値を確認しておく。仕事満足度の平均値は，正規職員37.96点，非正規職員39.19点であり，平均値の差の検定の結果，正規職員よりも非正規職員の仕事満足度は有意に高い。

　では，正規職員，非正規職員それぞれの内部において，どのような職員の仕事満足度が高いのだろうか。以下では，正規職員と非正規職員にサンプルを分けたうえで，従属変数に仕事満足度，独立変数に就業形態の多様化，統制変数に個人特性と組織特性を投入した重回帰分析を行う。個人特性の変数として，

2）総務省「労働力調査」と本章で分析に使用した「生協職員の仕事と生活に関するアンケート」で，不本意非正規雇用労働者の定義が異なる点には留意が必要である。「労働力調査」では，不本意非正規雇用労働者の定義を，現職の就業形態（非正規雇用）についた主な理由が「正規の職員・従業員の仕事がないから」と回答した者としている。一方，本章で使用したデータでは，もともとパート・アルバイトで働くことを希望していたかどうかを尋ね，希望していなかったと答えた回答者を不本意非正規職員としている。

表 5.2　正規職員の仕事満足度を従属変数とした重回帰分析の結果

		標準化係数	t 値
性別（ref：男性）	女性	0.028	0.950
年齢		−0.291 ***	−9.157
本人の最終学歴		0.021	0.663
婚姻状態（ref：未婚・離別・死別）	既婚	0.016	0.415
同居の子ども（ref：いない）	いる	0.043	1.169
世帯の家計状況（ref：悪い）	良い	0.231 ***	6.801
	普通	0.156 ***	4.734
役職（ref：ついていない）	ついている	0.023	0.780
職種（ref：宅配）	店舗	0.018	0.617
入職経路（ref：内部登用）	新卒採用	−0.195 *	−2.350
	経験者採用	−0.228 **	−2.811
勤務地・職種・労働時間の限定（ref：なし）	あり	0.023	0.829
R²		0.135	
調整済み R²		0.126	
F 値		15.192 ***	
N		1,183	

（注1）　*** p<.001，** p<.0 1，* p<.05，† p<.10。
（注2）　年齢と勤続年数との相関が高くなったため，勤続年数を分析から除外している。

性別（男性／女性），年齢（歳），本人の最終学歴（教育年数），婚姻状態（既婚／未婚・離婚・死別），同居の子ども（いない／いる），世帯の家計状況（良い／普通／悪い），生協での勤続年数（年），生協での役職（ついている／ついていない），組織特性の変数として，勤務先の職種（店舗事業／宅配事業）を投入した。

　まず，正規職員を対象とした結果を表5.2に示した。独立変数として投入した正規職員への入職経路は有意な負の影響を示し，内部登用で正規職員になった人に比べ，新卒採用および経験者採用で正規職員になった人のほうが，仕事満足度が低い傾向がある。なお，正規職員への入職経路が仕事満足度に与える影響の大きさを見ると，新卒採用よりも経験者採用の標準化係数が大きいことから，新卒採用よりも経験者採用の仕事満足度が低い傾向がよみとれる。また，勤務地・職種・労働時間の限定の有無については非有意であった。

　統制変数については，年齢が有意な負の影響を示しており，年齢が高いほど仕事満足度が低くなる傾向がある。また，世帯の家計状況が有意な正の影響を

表5.3　非正規職員の仕事満足度を従属変数とした重回帰分析の結果

		標準化係数	t 値
性別（ref：男性）	女性	−0.009	−0.323
年齢		−0.130 ***	−4.713
本人の最終学歴		0.047 *	1.976
婚姻状態（ref：未婚・離別・死別）	既婚	−0.005	−0.168
同居の子ども（ref：いない）	いる	0.007	−0.266
世帯の家計状況（ref：悪い）	良い	0.166 ***	−5.748
	普通	0.135 ***	−4.740
勤続年数		−0.162 ***	−6.271
役職（ref：ついていない）	ついている	−0.059 *	−2.469
職種（ref：宅配）	店舗	−0.051 *	−2.150
不本意非正規かどうか（ref：本意型）	不本意型	−0.096 ***	−3.961
正規職員への転換希望（ref：転換したくない）	転換したい	−0.007	−0.294
	転換したいかわからない	−0.018	−0.720
R²		0.104	
調整済み R²		0.097	
F 値		14.723 ***	
N		1,661	

（注）　*** p<.001，** p<.01，* p<.05，† p<.10。

示しており，世帯の家計状況が良いほど仕事満足度が高まる傾向がある。

　次に，非正規職員を対象とした分析結果を表5.3に示した。独立変数として投入した不本意型非正規雇用かどうかは有意な負の影響を示しており，本意型の人に比べて不本意型の人のほうが，仕事満足度が低い傾向がある。一方，正規職員への転換希望は非有意であった。

　統制変数については，年齢が有意な負の影響を示しており，年齢が高いほど仕事満足度が低くなる。また，世帯の家計状況が有意な正の影響を示し，世帯の家計状況が良いほど仕事満足度が高まる。さらに，勤続年数，役職，職種が有意な負の影響を示しており，勤続年数が長いほど仕事満足度が低くなること，役職についていない人に比べて役職についている人の仕事満足度が低いこと，宅配事業で勤務する人よりも店舗事業で勤務する人の仕事満足度が低くなることも示された。

6. 就業形態の多様化と仕事満足度が就業継続意思に与える影響

　次に，勤務先生協での就業継続意思を規定する要因について分析を行う。就業形態の多様化と仕事満足度との関係を検討した前節の分析結果をふまえつつ，ここでは就業形態の多様化と仕事満足度が就業継続意思に与える影響を検討する。

　以下では，正規職員と非正規職員にサンプルを分けたうえで，従属変数に勤務先生協での就業継続意思を投入した重回帰分析を行う。独立変数として，モデル1に就業形態の多様化に関する変数を，モデル2はモデル1の変数に加えて仕事満足度を投入する。統制変数には，前節の分析と同様，個人特性と組織特性を投入した。

　まず，正規職員を対象とした結果を表5.4に示した。以下では，モデル1の結果を参照しつつ，モデル2で有意であった変数を中心に記述する。独立変数として投入した正規職員への入職経路は有意ではないが，勤務地・職種・労働時間の限定と仕事満足度については有意な正の影響を示した。この結果から，勤務地・職種・労働時間の限定のない職員よりも限定のある職員の就業継続意思が高いこと，仕事満足度が高いほど就業継続意思が高いことがわかる。

　統制変数については，年齢と同居の子どもが有意な正の影響を示し，年齢が高いほど就業継続意思が高まること，子どもと同居していない人よりも同居している人の就業継続意思が高いことが示された。

　なお，モデル1と2を比較すると，モデル1では正規職員への入職経路が有意な負の影響を示しているが，モデル2では有意ではなくなっている。この結果と，前節の分析内容をふまえると，就業形態の多様化，仕事満足度，就業継続意思の関係が明らかになる。前節の分析結果では，正規職員への入職経路が仕事満足度に有意な影響を与えており，勤務地・職種・労働時間の限定の有無は仕事満足度に非有意であった。これらを考慮すると，正規職員への入職経路は仕事満足度を媒介して，就業継続意思を規定していると考えられる。一方で，勤務地・職種・労働時間の限定の有無は，仕事満足度を媒介せず直接的に就業継続意思を規定していると考えられる。

表 5.4　正規職員の就業継続意思を従属変数とした重回帰分析の結果

		モデル 1		モデル 2	
		標準化係数	t 値	標準化係数	t 値
性別（ref：男性）	女性	0.012	0.375	− 0.004	− 0.138
年齢		0.022	0.657	0.181 ***	6.112
本人の最終学歴		0.035	1.061	0.023	0.838
婚姻状態（ref：未婚・離別・死別）	既婚	− 0.025	− 0.604	− 0.033	− 0.958
同居の子ども（ref：いない）	いる	0.083 *	2.126	0.060 †	1.776
世帯の家計状況（ref：悪い）	良い	0.101 **	2.813	− 0.026	− 0.823
	普通	0.080 *	2.319	− 0.005	− 0.159
役職（ref：ついていない）	ついている	0.054 †	1.741	0.041	1.562
職種（ref：宅配）	店舗	0.047	1.515	0.037	1.396
入職経路（ref：内部登用）	新卒採用	− 0.150 †	− 1.723	− 0.044	− 0.586
	経験者採用	− 0.200 *	− 2.336	− 0.075	− 1.022
勤務地・職種・労働時間の限定（ref：なし）	あり	0.074 *	2.497	0.061 *	2.416
仕事満足度				0.547 ***	20.763
R^2		0.038		0.297	
調整済み R^2		0.028		0.289	
F 値		3.866 ***		38.041 ***	
N		1,183		1,183	

（注 1）　*** p<.001，** p<.01，* p<.05，† p<.10。
（注 2）　年齢と勤続年数との相関が高くなったため，勤続年数を分析から除外している。

　次に，非正規職員を対象とした分析結果を表 5.5 に示した。この結果につい
ても，モデル 1 の結果を参照しつつ，モデル 2 で有意であった変数を中心に記
述する。独立変数として投入した不本意非正規雇用かどうかは非有意であり，
正規職員への転換希望と仕事満足度については有意な正の影響を示した。この
結果から，正規職員に転換したくない人よりも，転換したい人，あるいは転換
したいかわからない人の就業継続意思が高いこと，仕事満足度が高いほど就業
継続意思が高いことがわかる。なお，正規職員への転換希望が就業継続意思に
与える影響の大きさを見ると，転換したいかわからない人よりも転換したい人
の標準化係数が大きく，転換希望が明確な人ほど就業継続意思が高い傾向が示
されている。
　統制変数については，年齢と婚姻状態が有意な正の影響を示し，年齢が高い
ほど就業継続意思が高いこと，未婚・離別・死別の人に比べて既婚者の就業継

表 5.5　非正規職員の就業継続意思を従属変数とした重回帰分析の結果

		モデル 1		モデル 2	
		標準化係数	t 値	標準化係数	t 値
性別 (ref：男性)	女性	0.022	0.791	0.026	1.036
年齢		0.056 †	1.952	0.114 ***	4.429
本人の最終学歴		0.005	0.191	− 0.016	− 0.747
婚姻状態 (ref：未婚・離別・死別)	既婚	0.098 **	3.266	0.100 ***	3.711
同居の子ども (ref：いない)	いる	− 0.003	− 0.111	− 0.006	− 0.252
世帯の家計状況 (ref：悪い)	良い	0.086 **	2.867	0.011	0.391
	普通	0.077 **	2.615	0.016	0.600
勤続年数		− 0.046 †	− 1.731	0.027	1.110
役職 (ref：ついていない)	ついている	0.005	0.194	0.031	1.412
職種 (ref：宅配)	店舗	− 0.025	− 1.005	− 0.002	− 0.072
不本意非正規かどうか (ref：本意型)	不本意型	− 0.080 **	− 3.201	− 0.037	− 1.626
正規職員への転換希望 (ref：転換したくない)	転換したい	0.109 ***	4.279	0.112 ***	4.899
	転換したいかわからない	0.085 **	3.281	0.093 ***	3.996
仕事満足度				0.452 ***	19.715
R^2		0.040		0.224	
調整済み R^2		0.033		0.217	
F 値		5.326 ***		33.873 ***	
N		1,661		1,661	

(注)　*** p<.001，** p<.01，* p<.05，† p<.10。

続意思が高いことが示された。

　なお，モデル1と2を比較すると，モデル1では不本意非正規雇用かどうか
が有意な負の影響を示しているが，モデル2では有意ではなくなっている。先
ほどと同じように，この結果と前節の分析内容をふまえて，就業形態の多様化，
仕事満足度，就業継続意思の関係を検討する。前節の分析結果では，不本意非
正規雇用であるかどうかが仕事満足度に有意な影響を与えており，正規職員へ
の転換希望は仕事満足度に非有意であった。これらを考慮すると，不本意非正
規雇用であることが仕事満足度を媒介して，就業継続意思を低める関係にある
と考えられる。一方で，正規職員への転換希望は，仕事満足度を媒介せず直接
的に就業継続意思を規定していると考えられる。

7. まとめ

　本章では，生協職員の就業形態の多様化と現在の勤務先生協での就業継続意思との関係を，その媒介要因である仕事満足度に注目して検討した。主な分析結果は，以下の3点である。

　第1に，生協における就業形態の多様化の状況である。非正規職員のうち，正規職員に転換したい，あるいは正規職員に転換したいかどうかわからないと答えた職員はあわせて約4割，正規職員に転換したくないと答えた職員は約6割であった。このように非正規職員として働く人のうち4割程度が正規職員への転換を視野に入れて働いているが，実際に内部登用によって非正規から正規へと転換した比率は非常に低く，正規職員として働くための主要な入職経路は新卒採用と経験者採用であった。

　第2に，就業形態の多様化と仕事満足度との関係である。記述統計の結果から，正規職員に比べて非正規職員の仕事満足度が高く，正規職員よりも非正規職員の仕事の質が高い傾向が見られた。さらに，正規と非正規の就業形態内での多様化を考慮すると，正規職員の場合には入職経路が，非正規職員の場合には不本意型かどうかが，それぞれ仕事満足度に影響を与えていた。

　第3に，就業形態の多様化，仕事満足度，就業継続意思の関係についてである。分析の結果，仕事満足度が高いほど勤務先生協での就業継続意思が高い傾向が見られた。この傾向は，正規職員，非正規職員のいずれにおいても明瞭に見られた。また，就業形態の多様化に関する変数のうち，直接的に就業継続意思に影響を与えるものと，仕事満足度を媒介して就業継続意思に影響を与えるものがあった。前者に該当するのは，正規職員では勤務地・職種・労働時間の限定の有無，非正規職員では正規職員への転換希望であった。一方，後者に該当するのは，正規職員では入職経路，非正規職員では不本意非正規雇用かどうかであった。

　これらの分析結果から，職員の定着・確保策として，以下の示唆を得られる。第1に，就業形態の多様化や就業形態間の移動制度の充実は，職員の就業継続意思の向上に直接的に有効である。無限定型の正規職員よりも限定型の正規職

員の就業継続意思が高かったことから，限定正規という区分の普及は，職員の確保・定着策として効果的だと考えられる。

　また，正規職員への転換希望を持つ非正規職員のほうが，転換希望を持たない非正規職員よりも就業継続意思が高いこと，そして正規職員の中でも実際に内部登用された職員の仕事満足度が高く，その結果として就業継続意思も高いことをあわせて考えると，転換希望を持つ非正規職員を積極的に内部登用していくことで，現在以上に正規職員として定着することが期待できる。さらに，正規職員に転換したいかわからない職員においても，正規職員になることのメリットを感じたり，正規職員として働くイメージを持ちやすくすることで，正規職員へと転換し職場に定着する可能性がある。

　ただし現時点では，内部登用制度が存在するものの，登用実績は低く，非正規職員にとって内部登用は狭き門となっていることがうかがえる。この理由として 2 つの可能性が考えられる。一つは，人事側が正規職員への登用の採用枠を少なく設定しており，実績が低くなっている可能性である。もう一つは，採用枠は少なくないものの，内部登用を望む職員を把握しきれていない可能性である。前者である場合には，人事側が採用枠を増やすことで登用者を増やすことができる。後者である場合には，内部登用制度の周知や，職員の希望を上司や職場レベルで把握する仕組みの充実が有効であろう。実際に転換制度をめぐっては，上司のマネジメントの力量によるところが大きいことが指摘されている（武石 2008）。転換制度を職員の確保策として積極的に位置づけ，採用枠を拡大し，上司のマネジメントの質を向上させることが重要だと考えられる。

　第 2 に，職員の定着のためには，仕事満足度を高めることが有効である。ここでいう仕事満足度とは，仕事の内容・やりがい，賃金，労働時間・休日等の労働条件，人事評価・処遇のあり方，同僚や上司との人間関係，福利厚生などの要素についての満足度を高めることである。客観的な側面だけでなく，職員が自らの働き方をどのように受け止めているかという主観的側面に着目し，働き方に対する納得度が高まるような労働環境を整えることが望まれる。

　第 3 に，労働者の入職経路によって生じる働き方の格差を是正することが肝要である。正規職員の中で，内部登用された職員の仕事満足度が最も高く，新卒採用の職員，中途採用の職員の順で仕事満足度が低い傾向があった。この背

景には，長期雇用慣行のもとで，生協側が定期採用によって確保した労働者を長期的に育成し，企業内で処遇することを想定していることがあると考えられる。この想定のもとでは，新卒採用や内部登用に比べて，中途採用者の人材活用について十分な工夫がなされていないと考えられる。中途採用者の職場への適応を高めるための具体策が求められる。

　最後に，本章の分析には，以下の点で今後さらに検討すべき課題がある。まず，本章では就業形態の多様化の変数として4つの変数に着目し，仕事満足度，就業継続意思との関連を明らかにした。しかし既存研究では，最終学歴後の初職や無業期間といった入職前の経路も，その後の就業状態や離転職行動に影響を与えることが指摘されている（香川 2005；稲垣・小塩 2013）。本章で分析に使用した調査ではこれらの項目を尋ねていなかったため検証ができなかったが，今後，最終学歴後から現在の生協に入職する前の経路を把握し，それらが就業継続意思に与える影響を検討することが必要である。

　第2に，本章で用いた調査データは一時点のデータであった。本章で検討対象とした主要な変数に関して，個人を追跡して異なる時点で測定することで，より正確な知見を得られると考えられる。

　第3に，各事業所の組織特性を投入した分析が必要である。今回の分析では職種（宅配・店舗）のダミー変数を投入するにとどまったが，今後は，事業所の規模や経営状況等の組織特性を考慮したうえで，今回の分析と同様の結果が得られるかどうかを検証することが求められる。

◆参考文献

池田心豪（2016）「基幹労働力としての限定正社員の可能性：事業所調査データの分析から」労働政策研究・研修機構『労働政策研究報告書（働き方の二極化と正社員：JILPT アンケート調査二次分析結果）』185，214-228 頁。

稲垣誠一・小塩隆士（2013）「初職の違いがその後の人生に及ぼす影響：LOSEF 個票データを用いた分析」『経済研究』64(4)，289-302 頁。

小倉一哉（2011）『過働社会ニッポン：長時間労働大国の実態に迫る』日本経済新聞出版社。

香川めい（2005）「学校から職業への移行形態とキャリア形成：初職・昇進・現職」『東京大学大学院教育学研究科紀要』44，119-127 頁。

厚生労働省（2013）「平成 25 年版　労働経済白書：構造変化の中での雇用・人材と働き方」（https://www.mhlw.go.jp/wp/hakusyo/roudou/13/dl/13-1-5_03.pdf）（最終閲覧日：2019 年 11 月 7 日）。

厚生労働省（2014）「能力開発基本調査（調査結果の概要）」（https://www.mhlw.go.jp/toukei/list/dl/104-30b.pdf）（最終閲覧日：2019 年 11 月 7 日）。

厚生労働省（2018）「平成 30 年 賃金構造基本統計調査（結果の概況）」（https://www.mhlw.go.jp/toukei/itiran/roudou/chingin/kouzou/z2018/dl/06.pdf）（最終閲覧日：2019 年 11 月 7 日）。

佐藤博樹・小泉静子（2007）『不安定雇用という虚像：パート・フリーター・派遣の実像』勁草書房。

佐藤博樹・佐野嘉秀・原ひろみ（2003）「雇用区分の多元化と人事管理の課題：雇用区分間の均衡処遇」『日本労働研究雑誌』518，31-46 頁。

篠崎武久・石原真三子・塩川崇年・玄田有史（2003）「パートが正社員との賃金格差に納得しない理由は何か」『日本労働研究雑誌』512，58-73 頁。

総務省（2019）『労働力調査（詳細集計）平成 30 年（2018 年）平均（速報）』（https://www.stat.go.jp/data/roudou/sokuhou/nen/dt/pdf/index1.pdf）（最終閲覧日：2019 年 11 月 7 日）。

高橋康二（2013）「限定正社員のタイプ別にみた人事管理上の課題」『日本労働研究雑誌』636，48-62 頁。

高橋康二（2016）「正社員登用・転換者の就業実態：男女での違いに着目して」労働政策研究・研修機構『労働政策研究報告書（働き方の二極化と正社員：JILPT アンケート調査二次分析結果）』185，89-112 頁。

武石恵美子（2008）「非正社員から正社員への転換制度について」『日本労働研究雑誌』573，50-53 頁。

田中規子（2013）「賃金と仕事満足の変化と離転職：日本家計パネル調査の結果から」『ジェンダー研究』16，19-36 頁。

永瀬伸子（1995）「『パート』選択の自発性と賃金関数」『日本経済研究』28，162-184 頁。

中村和雄・脇田滋（2011）『「非正規」をなくす方法』新日本出版社。

西川真規子（2013）「よりよい働き方とは：雇用の質への試験的アプローチ」『日本労働研究雑誌』632，48-60 頁。

濱口桂一郎（2009）『新しい労働社会：雇用システムの再構築へ』岩波書店。

濱口桂一郎（2011）『日本の雇用と労働法』日本経済新聞社。

森山智彦（2016）「限定正社員は自身の働き方をどのように評価しているのか」労働

政策研究・研修機構『労働政策研究報告書（働き方の二極化と正社員：JILPT
アンケート調査二次分析結果)』185，229-252 頁。

李青雅（2011）「正社員転換のその後：賃金，教育訓練，仕事内容などの就業状況と
仕事満足度」労働政策研究・研修機構『労働政策研究報告書（非正規雇用に関
する調査研究報告書：非正規雇用の動向と均等処遇，正社員転換を中心として)』
132，250-279 頁。

労働政策研究・研修機構（2019）『JILPT 資料シリーズ（若年者の就業状況・キャリ
ア・職業能力開発の現状③：平成 29 年版「就業構造基本調査」より)』217。

Clark, A., Georgellis, Y., and Sanfey, P. (1998) "Job Satisfaction, Wage Changes, and
Quit: Evidence from Germany," *Research in Labor Economics*, 17, 95-121.

Freeman, R. B. (1978) "Job Satisfaction as an Economic Variable," American *Eco-
nomic Association*, 68(2), 135-141.

Kalleberg, A. L. (2011) *Good Jobs, Bad Jobs: The Rise of Polarized and Precarious
Employment Systems in the United States, 1970s to 2000s*, New York: Russell
Sage Foundation.

Lambert, E. G., Hogan, N. L. and Barton, S. M. (2001) "The Impact of Job Satisfac-
tion on Turnover Intent: A Test of a Structural Measurement Model Using a
National Sample of Workers," *The Social Science Journal*, 38, 233-250.

Sousa-Poza, A. and Sousa-Poza, A. A. (2007) "The effect of job satisfaction on labor
turnover by gender: An analysis for Switzerland," *The Journal of Socio-Eco-
nomics*, 36, 895-913.

付表　分析に使用した変数の記述統計量

	N	平均値	標準偏差	最小値	最大値
就業継続意思	2,844	2.990	0.888	1	4
仕事満足度	2,844	38.679	8.261	12	60
正規職員として働き始めた時の入職経路：新卒採用ダミー	1,183	0.495	0.500	0	1
正規職員として働き始めた時の入職経路：経験者採用ダミー	1,183	0.472	0.499	0	1
正規職員として働き始めた時の入職経路：内部登用ダミー	1,183	0.034	0.181	0	1
勤務地・職種・労働時間の限定の有無：なしダミー	1,183	0.680	0.467	0	1
勤務地・職種・労働時間の限定の有無：ありダミー	1,183	0.320	0.467	0	1
不本意非正規かどうか：本意型ダミー	1,661	0.934	0.249	0	1
不本意非正規かどうか：不本意型ダミー	1,661	0.066	0.249	0	1
正規職員への転換希望：転換したいダミー	1,661	0.138	0.345	0	1
正規職員への転換希望：転換したいかわからないダミー	1,661	0.247	0.432	0	1
正規職員への転換希望：転換したくないダミー	1,661	0.615	0.487	0	1
性別：男性ダミー	2,844	0.425	0.494	0	1
性別：女性ダミー	2,844	0.575	0.494	0	1
年齢	2,844	45.243	10.543	19	60
本人の最終学歴	2,844	13.818	1.915	9	18
婚姻状態：未婚・離別・死別ダミー	2,844	0.301	0.459	0	1
婚姻状態：既婚ダミー	2,844	0.699	0.459	0	1
同居の子ども：いないダミー	2,844	0.393	0.489	0	1
同居の子ども：いるダミー	2,844	0.607	0.489	0	1
世帯の家計状況：良いダミー	2,844	0.209	0.407	0	1
世帯の家計状況：普通ダミー	2,844	0.536	0.499	0	1
世帯の家計状況：悪いダミー	2,844	0.255	0.436	0	1
勤続年数	2,844	11.240	10.268	0.0	40.6
役職：ついていないダミー	2,844	0.825	0.380	0	1
役職：ついているダミー	2,844	0.175	0.380	0	1
職種：宅配ダミー	2,844	0.613	0.487	0	1
職種：店舗ダミー	2,844	0.387	0.487	0	1

第6章　主婦パート職員の家庭内役割と
　　　　自らの働き方の選択

梅崎　修

1.　はじめに

　本章の目的は，女性パート職員が家庭内の役割と働き方の選択を決定する要因について，生活協同組合（以下，生協とする）に勤める 23 名の女性パート職員へのグループ・インタビューを中心に分析することである[1]。対象となった女性パート職員は，離別を含む主婦であり，仕事と家庭の両立という課題を抱えている。そこで以下では，彼女らを主婦パート職員と呼ぶ。

　主婦パート職員たちは，どのような制約や選択肢に直面しながら，家事・育児・介護と仕事の両立を考慮して働き方の選択をしているのであろうか。家庭内の役割分業と働き方はそれぞれ独立に選択できず，同時決定されるといえよう。そして，その同時決定の背後には，企業側の職場管理と個人の性別役割分業意識があると考えられる。

　本章では，まず主婦パート職員の働き方の選択として，第1に，専業主婦など無業状態から働き始めること，第2に，働く時間を選択すること，第3に，パートの中でも多様な雇用を選択し，時には正規職員転換を希望することに焦点を当て，その意思決定にかかわる要因を一つひとつ検討する。特に主婦パート職員の働き方の選択は，他の労働者の働き方の選択とは異なり，複雑な要因が絡むと考えられる。例えば，扶養控除などの税制，育児・介護負担の大きさ，

1）すでに梅崎（2018）では，生協店舗に対するインタビューを行った。本章では，新たに宅配センター長2名，人事部，さらに生協の宅配事業で働く 12 名の主婦パート職員のインタビューを追加し，分析を改良した。

そのような家庭内の役割を引き受けるべきかどうかに対する性別役割分業意識，また夫の側の働き方，彼らの性別役割分業意識も影響を与えると考えられる。

　「夫は仕事，妻は家庭」という性別役割分業意識は，前近代的な意識というよりもジェンダー・アプローチの中で研究されてきた「近代家族」の基本的な特質である。「近代家族論」の研究蓄積は多く，その定義も研究者によって少しずつ異なる。例えば千田（2011）は，①夫婦間の絆の規範としてのロマンティック・ラブ・イデオロギー，②母子間の絆の規範としての母性イデオロギー，③家族の集団性の規範としての家庭イデオロギーを近代家族の3つの規範としてあげている。

　家族史研究の蓄積によれば，一人稼ぎ専業主婦世帯である近代家族は，先進国でいち早く形成された家族モデルであり，日本では19世紀末から20世紀初頭に誕生し，その後大衆化し，高度経済成長期には最も広まったとされる（牟田（1996），落合（1997），山田（1994）など参照）。斉藤（2013）によれば，近代家族の成立要因として，主婦による家事という世帯内生産への時間投下の増加があり，その背景に健康や育児の領域で市場では調達できないという理由があると考えられている。

　その後，1980年代以降，女性の社会進出が加速すると，一人稼ぎ専業主婦世帯は減少し始める。共働き世帯が増加し，1990年代中頃には，共稼ぎ世帯数が一人稼ぎ専業主婦世帯数を追い抜いてその後も増加を続けている。松田（2000）によれば，このような共働き世帯の増加に伴い，「夫は仕事，妻は家庭」という性別役割分業の原則から見ても「ゆがみ」が生じている。つまり，「夫は仕事，妻は家庭」に代わって，「夫は仕事，妻は家庭も仕事も」という新しい性別役割分業が生まれた。例えば，厚生白書（1998）は，「「女性は仕事をもつのはよいが，家事・育児はきちんとすべきである」という考えに賛成する男性の割合は約9割にも達し，妻の就業に関して夫は寛容になっているが，あくまでも家事・育児と両立できるということが前提，という意識が強く見られる」と指摘している。この「新・性別役割分業」は，就労する女性に仕事と家事・育児という「二重の負担」を押し付けるものであった。

　主婦パート職員は，正規職員の夫よりも勤務時間は短いといえるので，家事や育児に時間を割けるとはいえるが，夫が一人稼ぎ専業主婦世帯と同じように

家事や育児を手伝わなければ，仕事と家事・育児の二重の役割を担い，なおかつそのワークライフバランスを自分一人で調整しなければならない。このような新・性別役割分業に関する二重負担について統計分析をした松田（2001）では，新・性別役割分業の妻たち，特に仕事と家庭の両立が最も困難であると考えられる乳幼児を抱えた妻たちで，心身の二重負担を感じていないという事実が確認されている。ただし，この分析は，1999年の量的調査に基づく結果である。本章では，聞き取り調査において，この問題を検討したい。本章が対象とする主婦パート職員は，パートという雇用形態で家庭内において新・性別役割分業を担っている可能性が高いのである。したがって本章では，家庭内の分業と自らの働き方の選択について定性的に分析する。

　聞き取り調査は，人事担当者，店長・センター長，パート職員に対して行われた。はじめに，人事担当者に調査対象生協の事業内容や人事制度について質問した。次に，店長・センター長に店舗・宅配センターにおける事業内容や人材マネジメントを聞き取りした。最後に，主婦パート職員のグループ・インタビューを行った。グループ・インタビューの記録はすべて文字起こしをして，その後語られた内容のカテゴリー化を行い，その意味を考察した。

　なお，本章の構成は以下のとおりである。続く第2節では，先行研究を踏まえて本章のフレームワークを検討する。第3節では，調査生協の説明をする。第4節では，調査方法と調査対象者を説明する。第4節は，分析結果である。第5節は，分析結果の議論を行う。

2. 本調査のフレームワーク

　本調査では，松田（2001）で提示された性別役割分業の分析結果を参考にして，図6.1のような主婦パート職員の働き方の選択肢に対して聞き取り調査の枠組みとして採用する。

　主婦パート職員は，夫の家事参加がなければ，新・性別役割分業パートタイム型になる。パートで働く前は，専業主婦であった対象者も多いことを想定すると，性別役割分業型から新・性別役割分業パートタイム型が選択された経緯やその要因を詳しく調べる必要がある。また，夫の家事参加の有無とその理由

図6.1　性別役割分業の枠組み

	フルタイム	新・性別役割分業フルタイム型	夫婦協業フルタイム型
妻の就労形態	パートタイム	新・性別役割分業パートタイム型	夫婦協業パート型
	無職	性別役割分業型	夫仕事・家事型
		なし	あり

夫の家事参加

（資料）　松田（2001）に参考に筆者作成。

も検討したい。加えて，新・性別役割分業フルタイム型を選択していない理由を聞き取り調査から考察したい。後述するように生協には正規職員転換制度があるが，現時点において調査対象者はパートという働き方を選択しているので，その理由と将来の可能性を調査する。

　なお，調査対象者の中には，シングルマザーもいる。シングルマザーの場合は，既婚者とは家庭内分業の選択肢が異なるので，それらの条件を考慮しながら仕事と家事・育児の両立について調査する。

3.　調査生協の説明

3.1　事業内容と人員構成

　本章の調査対象は，全国でも大規模な地域生協である生協Dと生協Eである。それぞれの概要は以下に示したとおりである。ともに大規模生協であるといえよう（表6.1参照）。

　次に，対象生協の人員構成と雇用区分について説明する。まず，調査時点の正規職員（総合職）は生協Dが1,350人，生協Eが1,974名である。正規職員の主な職務は，店舗や宅配センターにおけるスタッフ業務であり，大卒が中心である。その他に嘱託として福祉関係職と保健師がいる。一方，生協Dのパートは約6,100人，アルバイトは200人，学生アルバイトは500人，生協Eのパートは2,269人，アルバイトは243人になる。本章の調査対象は，生協Dは店

表 6.1　生協の概要

	生協 D	生協 E
正規職員（人）	1,350	1,974
パート職員（人）	6,100	2,269
アルバイト職員（人）	700	243
宅配センター数	29	77
配食センター数	27	—
店舗数	98	134
福祉事業所数	8	34

（資料）　生協 D，E 内部資料。

舗，生協 E は宅配センター勤務の主婦パート労働者である。

　生協のパートのほとんどは，既婚の主婦層が中心である（生協 D では，約 8 割）。求人も，店舗近くの主婦を対象に行われてきているが，ここ数年は人手不足が進み，求人活動に苦労している。同じ地域の民間スーパーや他企業の求人と競合している。人事部や店長のインタビューによれば，生協運動に共感して働き始める人は大幅に減少しており，働きやすさや賃金などで採用できるかどうかが決まるといえる。なお，ここ 20 年，徐々にではあるが，主婦以外の職員も増えて多様化している。例えば，生協 D の店長インタビューによれば，就職氷河期にパート・アルバイトとして採用された後，そのままパートに雇用区分を変更して定着した事例もある。

　なお，パート職員は，店舗や宅配などの事業および店舗・センターを限定して採用されることはもちろんであるが，同じ店舗やセンター内の担当部署も限定されている点に特徴がある。

3.2　正規職員登用制度

　生協 D は，月給制で週 5 日勤務の店舗限定のフルタイムパート職員（店舗限定フルタイムパートと呼ぶ[2]）という職務を設けており，現在 400 人がこの雇用区分で働いている。2017 年から導入された制度で，それまでは別の名称で呼ばれていた。総合職の勤務時間が 7 時間 30 分なのに対して，若干短い 7 時間 15

　2）調査対象生協が特定できないように，一般的な名称に変更した。

分である。人事担当者へのインタビューによれば，店舗において少ない正規職員を補うためにフルタイムパートを増やしたいと考えているが，現実的には希望者が少ない。

　生協Eも正規職員（エリア・専任）への登用制度を設けている。同じエリア内の店舗・センター間の移動はありうるが，エリアを超える移動はないという条件がある。応募資格は，勤続期間が1年以上であること，そして，業態・部署の推薦を受けられる職員がいることである。

3.3　パート職員の賃金制度

　続けて，雇用区分を考慮しながらパート職員の評価・賃金制度を説明しよう。生協Dのパートの賃金制度は，エリアごとに異なる固定の基本時給があり，勤続年数や職種などが考慮される。また，基本時給は，地域ごとの事情（最低賃金）などが反映される。店舗廃止や移動などに伴って調整時給が支払われることもある。基準外時給としては，休祭日，時間帯などを考慮した手当もある。また，採用が難しい地域では，採用困難手当が追加されることがある。

　生協Eも，生協Dと同様にエリア別の固定時給に勤続年数や職種が考慮され，他に手当が決められる仕組みである。生協Eで調査した宅配事業に関しては，一部の担当に限定して，業績時給が導入されている。その担当は，生協入会や共済加入に関して営業活動を行っている。入会・加入の成果を評価し，処遇に反映している。

　また，店舗限定フルタイムパートや正規職員になると，人事評価が賃金決定に反映される。昇級もあり，昇級と共に仕事の範囲が変化し，管理を任される範囲が増える。

4.　調査概要

　本章の調査対象は，表6.2に示したとおりである。生協Dに対しては，人事部へのインタビューを行った後，A，B店舗それぞれの店長のインタビュー，さらに全4回で合計11名の主婦パート職員のグループ・インタビューを行った。生協Eに対しても人事部へのインタビューの後，C，D宅配センターのセンタ

表6.2 インタビュー対象者一覧

		対象者	年齢	勤務年数	担当	勤務形態	結婚	子供の数
A店舗	2018年2月2日（午後）	A	43	8年9ヵ月	総菜	週30時間以上勤務の方	離別	2
		B	46	10ヵ月	チェッカー	週20〜29時間勤務の方	結婚	2
		C	49	7年9ヵ月	総菜	週20時間未満勤務の方	結婚	2
	2018年2月14日（午前）	D	45	25年	レジ／カウンター	週35時間契約　7H×5日	結婚	0
		E	46	10年	レジ／カウンター	週20時間契約　4H×5日	離別	0
		F	46	9年	レジ／カウンター	週16時間契約　4H×4日	結婚	3
B店舗	2018年2月15日（午前）	G	41	10年	デイリー	週30時間契約　6H×5日	結婚	2
		H	45	5年	食品	週16時間契約　4H×4日	結婚	2
		I	42	8年	総菜	週35時間契約　7H×5日	結婚	2
	2018年2月15日（夕方）	J	51	8年	精肉	週15時間契約　3H×5日	結婚	2
		K	55	22年	デイリー	週22.5時間契約　4.5H×5日	結婚	3
C宅配センター	2019年3月12日（夕方）	L	50代	17年	地域担当		結婚	3
		M	60代	20年	地域担当		結婚	3
		N	50代	16年	地域担当		結婚	2
	2019年3月14日（夕方）	O	60代	20年	地域担当		結婚	3
		P	40代	7年9ヵ月	地域担当		結婚	3
		Q	50代	5年	地域担当		離別	2
		R	50代	19年	地域担当		結婚	3
D宅配センター	2019年3月28日（午前）	S	50代	15年4ヶ月	営業	週30時間以上勤務	離別	2
		T	50代	4ヶ月	共済	週20時間未満勤務	結婚	2
		U	40代	1年8ヶ月	内勤	週30時間以上勤務	結婚	3
	2019年3月28日（午後）	V	30代	2年10ヶ月	地域	週20〜29時間勤務	離別	2
		W	40代	2年7ヶ月	地域	週20時間未満勤務	結婚	0

（資料）　筆者作成。

一長のインタビュー，さらに全4回で合計13名の主婦パート労働者のグルー
プ・インタビューを行った。なお，宅配センターのグループ・インタビューは，
宅配担当者がセンターに帰ってきた後に実施することも多く，店舗よりもイン
タビュー時間が短くならざるをえなかった。

　現在，店舗やセンターは，人手不足によってパートの新規採用が困難な状況
であり，新入パートがいないので，主婦パート職員は勤続とともに高齢化して
いる。調査対象者は40-50歳代が中心であり，調査時点では育児との両立に関
して問題を抱えている人は少ない。そこで，過去の問題を回想しながら語って
もらうことになった。一方，現在の問題としては介護と仕事の両立問題を抱え
る人がいた。

　調査の手順としては，主婦パート職員のグループ・インタビューの前に，ま
ずは店長・宅配センター長からインタビュー対象者の年齢，勤続年数，および
配置や勤務形態などの情報を入手した。また，年表と質問票を用意し，生協に
入社する前の職業経験，入社後のキャリア，結婚や出産などのライフイベント
などの基本情報を記入してもらった。そのうえで，その略歴に沿う形でインタ
ビューを行った。ただし，全員が年表を記入してくれていたわけではなく，経
歴情報を事前に入手できず，その場で質問しながら情報を集めた対象者もいる。
なお，共通質問は以下の通りである。

- ✓ 学校（高校 or 専門学校 or 大学）卒業後，初期の職業キャリアとライフイ
  ベントについて。
- ✓ 生協入職直前は，専業主婦であったのか，それとも仕事をしていたのか。
- ✓ 他の就職先と比較して生協に入社したきっかけは何か。
- ✓ 仕事を始めること，もしくは労働時間を増加させる理由は何か。例えば，出
  産，家計管理，夫の意思，自分の意思などについて。
- ✓ 家庭内仕事分担と働き方の選択の関係について。具体的には，家事，育児，
  および介護について，その一つずつの拘束時間や内容をふまえた両立の肉
  体的・心理的負担について。
- ✓ 家計について夫婦のどちらが管理しているのか。そして，その具体的な収
  入と支出について。さらにパート労働の収入は家計の中でどのように使わ

れているのか。

✓　正規職員登用の希望の有無について。加えて，希望する理由・希望しない
　　理由について。

✓　上司との人間関係，職場の同僚（特にパート労働者）との人間関係につい
　　て。

✓　人事制度，人事管理について従業員から見た感想と意見。

5. 分析結果

5.1　語りの分類

　本節では，主婦パート職員のグループ・インタビューを文字起こしして，そ
の語られたエピソードを分類した。表6.3は，その分析結果である。

　まず，大きなカテゴリーとして，労働供給の制約となる理由がある。育児負
担が最も多かった。また，介護負担をあげる人もいた。介護に関しては，個人
差がある。また，扶養控除や近接性（通勤時間）を考慮している人も多かった。
また，消費者として生協に親しみを持っている人は多かった。

　次に，労働供給の多様な目的にまとめられる。第1に，多様な家計支出の増
加に対して収入を増やす必要があげられる。子どもの進学とともに塾，部活，
食事などでも収入を増やす必要が生まれた。また，離婚や夫の収入減でも自分
で稼ぐ必要が生まれ，労働供給を増やすことにつながった。一方，仕事のやり
がいや職場でのつながりをあげている人もいた。さらに，店舗と宅配を比べる
と，宅配の時給のほうがよいので，高い時給を求める宅配を選んでいる人がい
る一方で，宅配の肉体的負担によって仕事を減らすことを考えている人もいっ
た。

　性別役割分業意識に関しては，まず，子育て規範の強い傾向が確認できた。
また，夫の性別役割分業意識に強い影響を受けていることが確認できた。夫と
妻の間の意識のずれは，夫婦間の意見の対立を生み出すこともあった。子育て
規範に関しては，特に妻の側が強く意識していた。

　家庭内の権限関係を把握するために，家計管理についても質問した。多くの
家庭で妻が家計を管理していることが確認された。家庭内の意思決定に関して

表 6.3　インタビューのカテゴリー化

	カテゴリー	エピソード	発言者
多様な労働供給の制約	育児負担	小学校入学（1, 2, 3年生）による軽減	A, B, C, H, J, K, O, T, U
		中学校入学による軽減	B, C, U
		親のサポート（同居もしくは近居）による軽減	G, I, L, P, U, V
		育児の不確実性（急な病気や学校行事など）	H, G, O, P, Q, U, V
	介護負担	予測不可能な介護負担（両親だけでなく、義理の両親も）	B, D, J, K, T
	扶養控除	真ん中が少ない二極化した選択肢	B, C, F, H, O, T, U
	近接性	近い（通勤時間の短縮）がもたらすメリット	C, E, F, J, K, L, N, V
	生協の利用者	生協の理念への共感は少ないが、利用者としての親しみ	D, G, I, T, U
	肉体的な負担（特に宅配）	宅配作業は、体を壊したり、年を取ると厳しい	D, H, P, R
多様な労働供給の目的	家計支出	小学校高学年以降の塾	A, B, C, M
		部活動費の増加（中学校以降）	A, C, G, H, I, J, L, M, V
		成長期の食費など	B, D, F, K, N
		子どもの数（3人も多い）	F, K, M, O, P, R, U
	離婚	シングルマザーとしての家計管理	A, S, V
	夫の収入減	リストラ・給料カット	M, V
	労働意欲	仕事のやりがい	F
	中高年の生きがい	子育て負担終了後の地域のソーシャルキャピタル	K, J
	福利厚生	給与以外の労働条件	A, H
	賃金が少し高い配送業務	少しでも高い賃金が欲しいので、宅配を選ぶ	V
性別役割分業意識	夫の意思	夫の意思	C, F
	子育て規範	子育て規範	C, S, T
家計の管理	妻の管理	妻の管理（家計のみ権限、男女間の権限関係不明）	C, D, G, H, I, J, L, M, N, O, P, Q, R, T, U, W
	夫の管理	夫の管理（夫の権限関係強い）	B, F, K
職場仲間意識	職場負担の協力体制（同じ家事負担の共感と貸し借り関係）		A, B, C
	労働組合について		C
管理職の忌避	責任の重さを嫌がる	責任の重さを嫌がる	A, D, F, G, J, K, P, Q, S, V
	同じエリア内でも移動を嫌がる	同じエリア内でも移動を嫌がる	G, H, I, L
	長時間労働と通勤時間	長時間労働と通勤時間	D, P, S, U
職場内競争の激化（特に宅配）	個人差を付ける査定（宅配）	個人差を付ける査定（宅配）	O, P, S, V, W

は，詳しく検討したい。

　職場の仲間意識についての語りもあった。同じ職場の主婦パート職員たちで仕事の分担を調整していた。家事や育児の負担に対する共感があり，お互いに貸し借り関係をつくっていた。また，労働組合について語る人もいた。

　正規職員登用に関しては，人事部や店長，センター長は正規職員数を増やしたいと考えていたが，主婦パート職員の多くは正規職員転換を希望していなかった。賃金上昇などに関心がある人もいたが，管理職の責任の大きさ，店舗間や宅配センター間の移動を嫌がっていた。仲間意識の強い職場であればこそ，管理の側に回ることを嫌がるし，移動によって仲間と離れるのは辛いと考えられる。

　この他に宅配事業に関しては，契約者を増やす営業も任されており，営業成績によって処遇が変わる点を心理的負担と捉えている主婦パート職員が多かった。

5.2　エピソードの解釈

　続けて，前項の語りのカテゴリー分類を踏まえて，個々のエピソードを説明し，その意味を解釈したい。

多様な労働供給の制約

　まず，子どもがいる主婦にとっては育児負担の増減が，働くことの選択や勤務時間の選択に影響を与えている（A, B, C, H, J, K, O, T, U）。つまり，育児負担が軽減すれば働き始める（労働時間を増加する）し，増えれば辞める（労働時間を減少させる）。小学校低学年になった時点で働き始める人は多かった。幼稚園に比べると小学校は手がかからないからである。

　低学年と答えた人たちの中でも個人差を確認できる。つまり，育児負担も世帯間に違いがある。例えば，A氏とK氏は下の子が1年生と答えているし，B氏やO氏などは3年生と答えている。B氏は，上の子が5年生で，「下の子（3年生）もあんまり早く帰ってくる時間がなくなったりして，宿泊体験もできるようになって，1人でいられる時間が保てると思って働き始めたんですけど」と答えている。またH氏も，「下の子が小学校2か，3年だった」と答えている。

さらにJ氏は，はじめは生協ではなくコンビニで働き始めたが，子どもが2年生のときからである。その理由を聞くと，「(1年生は)割と早く帰って来るし，ちょっと働きに出るの難しいかな」と答えている。「2年生になると，学校行事なんかもあんまりなくなってきた」と考えて働くことを選択している。O氏も「(3年生は)帰ってきても大丈夫かな」と答えている。低学年でも1年ごとに違いはあるし，学校行事については，学校間でもその負担に差があると考えられる。

C氏は，子どもが小学校のときから働いているが，中学校入学時に仕事時間を増加させている。B氏は，働き始めたとき(子供が小学校3年生)は週3で1日4時間であったが，中学生になったときに週5，1日4時間で20時間以上に変更している(ただし，現在は週4日に減らしている)。また，U氏も中学入学以前から働いているが，小学校と中学校の違いを「もう中学生と高校生なので，親がずっといなきゃいけないという状態でもないですし，少し遅くなる分には大丈夫なんですけど」と語っている。

育児との両立の苦労については，育児に関わる時間が長いということだけでなく，学校から急に呼び出されるなど，育児の予測不可能性がある(H, G, O, P, Q, U, V氏)。彼女たちは，急に高熱を出したり，体育の授業で鉄棒から落ちたりして，呼び出さることもあり，仕事時間の調整に苦労したと答えている。またP氏は，予測できる学校行事であっても，「代わりを立てないと休めないから」と発言している。特に平日の行事は，代わりに出勤してくれる人を見つけるのが難しいといえよう。

一方，G, I, L, P, U, V氏は，育児に対する親のサポートの重要性について語っている。例えば，G氏は，例外的に早く，下の子が2歳のときに働き始めているが，育児サポートを受けられる両親が近居していたからである。またU氏は，「自分の母親が近くに住んでいるので，完全にお願いしている状態です」と発言している。また，V氏はシングルマザーであり，妹夫婦と同居しており，両親のサポートについて次のように語っている。「お父さんとお母さんがいなかったら多分無理です。夜まで働けないし，下の子見てもらう，普通の小5，小4だったら，全然見てなくてもお留守番できるんですけど，無理ですね。」さらにL氏は，「同居してたんですけど。幼稚園なんかはおばあちゃんが連れ

てってくれるし，送れる範囲では自分で」と発言している。

　一方，育児負担とともに労働供給の制限となっていたのが，介護負担である（B, D, J, K, T 氏）。介護問題を抱えている人にとって，介護と仕事の両立は大きな問題であった。例えばD氏は，子どもはいないので，育児負担はなかったが，義理の父母の介護と実母の看病を抱えていた。またJ氏は実父，K氏は義父が脳梗塞で介護が必要になった。育児と同じく，介護の場合も急な呼び出しがある。J氏は，「（上司から）急に具合悪くなったときは言えばなんとかするからって言ってもらってたので，ちょっと無理を言ってお休みをいただいたり，ということもありました」と発言している。なお，育児と介護の違いは，育児が小学校低学年までというように将来のスケジュールが立てやすいのに対して，介護は将来の計画が難しいという点であろう。

　一方，扶養控除は，扶養の範囲内で働くか，もし扶養の範囲を超えるならば，むしろ長時間働きたいという2つの選択肢が二極化していた。実際，扶養控除内のギリギリで働くという選択をしている対象者が多かったといえる。B, C, F, H, O, T, U 氏は，本当はもっと働きたいという意思を持っていたが，扶養控除の範囲を超えないように調整，もしくは扶養の範囲を超えるので，勤務時間を増やしたと発言している。

　この他に，朝と夕方の家事との両立を考えると，通勤時間が短いことが生協で働くきっかけになっていた（C, E, F, J, K, L, N, V 氏）。また，生協運動に共感している人が一定数いると予測されたが，そのような主婦パート職員はいなかった。ただし，消費者として商品やサービスに親しさを感じている人はいた（D, G, I, T, U 氏）。

　年齢とともに仕事の肉体的負荷が高まり，仕事の量を調整することが必要になっていた（D, H, P, R 氏）。特に宅配の場合，トラックの運転や荷物を運ぶ作業があるため，店舗よりも肉体的な負担はより大きく，足腰などを痛めると仕事を続けることが困難になるといえる。

多様な労働供給の目的

　育児という家事労働は，先述したとおり，主婦の労働供給の「制約」になっている一方で，育児には費用がかかるので，働く「目的」にもなる。多くの主

婦パート職員が語ったのは，小学校高学年，さらには中学校入学とともに，よりお金がかかることであった。

　まず，多くの調査対象者は，子どもたちが塾に通い始めたことをあげている（A，B，C，M氏）。この場合，塾代はもちろんのこと，車による送り迎えではなく，自分でバスや電車に乗って行くようになれば交通費もかかる。塾代も毎月の月謝はもちろん，夏期講習のときには別途お金が必要になる。例えば，B氏は，「夏期講習は，もう本当に泣けてくる」と語っている。またM氏は，「中学校もお金かかるし，今度中学3年なので高校受験で。高校は公立入れればいいんですけど，私立になっちゃったりとか。そのたんびに仕事の量増やして」と発言している。一方，中学生のときには塾に通わせていなかったL氏は，「高校の3年から予備校に行き出したので，中学まで，そんなにお金がかかってないです」と発言している。

　塾のほかに部活動費をあげる人も多かった（A，C，G，H，I，J，L，M，V氏）。まず，スパイクなどのスポーツ用品にお金がかかる。小学校低学年にはこだわらなかったスポーツ用品も，それぞれブランドにこだわるようになるし，激しく使うのですぐに買い替えが必要になってしまう。H氏には，高校生のお子さんがいるが，「スパイクが1万7,000，8,000円のものが，1ヵ月とか」と発言している。

　また，試合のために遠征や練習合宿に行くので，交通費も宿泊費も増大する。思春期の子どもたちなので，服装などを意識するようになる。「お弁当を持って行きたくない，かっこつけたい。コンビニで買って行きたい」（B氏）という意識が芽生えれば，お小遣いをあげることになってしまう。その一方で，親としては，部活をすること自体に賛成しており，熱心な部活の先生には感謝していると語っている。

　加えて，成長期子どもは食べる量も多く，食費が増加する。例えばJ氏は，「成長期なのでね，服なんかもすぐちっちゃくなりますしね」と答えている。またK氏は，先輩主婦から「小学校のときに貯めとけ」といわれていたと語っており，実際，小学校時代に労働時間を増やしている。もちろん，夫側の所得も大きな影響を与えている。夫の所得が増えていれば，家計の出費は，かならずしも主婦の労働供給の増加にはつながらないかもしれないが，（なかなかプ

ライベートのことを聞くのは難しい），所得の増加よりも出費の増加のほうが大きい（実際，労働時間を増やしている）と，会話からは判断できる。

　なお，調査対象者23名のうち，子どもがいる対象者は20名であり，その中でも子どもが3人いる人が8名いる。3人の子どもに関わる金銭的負担は大きいといえる。

　さらに，シングルマザーとして勤務している対象者（A, S, V氏）は，家計を支えるために勤務時間を伸ばしていることが確認された。さらにMとVは，夫のリストラ・給料カットに対して，勤務時間を増やした経験を語っている。

　仕事自体のやりがいを語っている人は少ない（F氏）。また，数少ない語りとしては，仕事そのものよりも同世代の中高年を中心に気心が知れた同僚との人間関係を働く理由にあげる対象者がいた（K, J氏）。特に子育ても終わっている60歳以上の主婦パート職員の場合，家にいるよりも気が合う地元の知り合いと職場で会っているほうがよいと解釈できる。K氏は，「体を動かしてたほうが，家にずっといるよりはいいかなってあるので，家帰っちゃったら外出ないとかっていうのがあるので，働いてれば，体を動かしてるから」，J氏も「ここに来てれば，規則正しく動いてるので，そういう生活は続けたいですね」と発言している。

　その他に，生協は，福利厚生が充実しているという発言があり（A, H氏），少し賃金が高い宅配については労働条件を見て宅配を選んでいる人がいた（V氏）。

性別役割分業意識

　主婦パート職員が働き方を決定する際に，主婦としてどのような性別役割分業意識を持っているかは大きな要因である。さらに，主婦パート職員だけでなく，夫がどのような性別役割分担意識を望み，自分が家事労働に対してどのような規範意識を持っているかによって，家事と仕事の調整は変化する。

　まず，主婦パート職員の働き方に影響を与えているのは夫の意見である。例えばC氏は，夫から「私がどんな仕事好きでやってもいいけど，約束は，子どもたちに行ってらっしゃいと，お帰りなさいをちゃんとすること」といわれて同意している。つまり，子どもが学校に行ってる間だけで働くということが就

労の条件になっている。したがって，職場会議や残業で遅くなるときなどは，夫が仕事を休んで育児をすることになるが，夫はそのような育児に不満を持っているという。この背景には，自分の方が賃金は高いため，自分の仕事のほうが優先されるべきという価値観があると考えられる。またC氏は，「うちの夫は多分，自分にかまってもらえないと……」と発言している。C氏の発言によれば，C氏の夫は，主婦が働き過ぎる（家事をしない）と，家の中も汚くなってしまうので，自分もストレスになると思っている。つまり，家事は妻が行うべきで，自分は外で稼いできているという性別役割分業意識を内在化しているといえよう。

またF氏は，「扶養控除の枠内でというのが，まず第一条件で。主人に迷惑をかけない時間に働くっていう約束で働き始めているので」と発言している。F氏の夫の側の論理からすれば，「そんなに仕事が大変なら，仕事辞めればいい，俺の給料の中でやればいいじゃん」ということになる。しかしF氏は，「私は（仕事を）やりたいんですよ」という。F氏の夫の帰宅は早く，6時頃には帰宅する。F氏に残業があった日は，終業は3時，4時ぐらいになる。それから帰宅し，洗濯，掃除，夕食など家事全般を終わらせるには時間的に厳しいといえよう。F氏は，もっと働きたいのに，という不満を感じているが，夫が家事を手伝うべきという発言はなされず，「（自分には）「おかえりなさい」って言う力がない」と語っている。つまり，F氏の夫は，自分は安定した公務労働であり，自分が家計を支えているので，パート労働による収入はあくまでも家計の補助でしないと考えているのかもしれない。

さらにJ氏も，家計が厳しいので，自分がパートで稼ごうと思っているが，夫からは，「無理をすれば働かなくても大丈夫なんじゃない」といわれている。J氏は，自分のものを買うお金もなく，働くことを希望した。夫からは「子どもが帰ってくる前にあがれるんだったら」という条件で働くことに合意してもらっている。C氏の場合と同じであるが，夫の側から主婦に偏った性別役割分業を提示される場合，母親としての役割を強調される傾向がある。F氏も，夫に対して「今の若い人は，家事をやる男の人のことに抵抗ない人が多いと思うんですけど，うちの主人なんかは，やっぱり女がやるものと思ってます」という批判的な語りをしている。

　ただしF氏も，母親として役割に関しては，その役割価値を批判していない。子どもの風邪で休んでしまう他の主婦パート職員に対して，自分の仕事と育児の両立に苦労していたとしても，「一回熱出すと，1週間ぐらい休んでしまうんですよ。そうすると，なぜそんな状況なのにまだ働こうとするって，私なんかは思っちゃうから」と発言している。この語りからもF氏が母親として規範を内面化していると解釈できる。つまり，性別役割分業意識も，単に夫と妻の分業という次元と，母の役割という次元が混在しており，主婦パート職員は夫の性別役割分業意識に対しては批判的な視点はあるが，子育て規範は内面化しているといえる。

家計の管理

　本調査では，家庭内の役割分業以外に家計管理についても質問した。夫の性別役割分業意識が強い場合，家事や育児は妻に任せたままで，自分が主に稼ぐことを選択していることになるが，この場合，家計に関しても妻に任せることが多い点が特徴的である。15名（C, D, G, H, I, J, L, M, N, O, P, Q, R, T, U, W氏）は妻が管理し，3名（B, F, K氏）は夫が管理している。それゆえ，家庭内の権力関係は複雑になる。稼ぎ頭（breadwinner）である夫が，家計を妻に任せてお小遣い制を選択するのは，妻に面倒な仕事を任せて甘えているとも解釈できるし，海外の家父長制とは異なり，権力を集中させていないともいえる。夫が家計も管理している事例では，妻に渡される家計費が少ない傾向があり，足りない分は妻のパート収入で調整しなければならない。つまり，家計を管理する夫のほうが権力をより強いといえる。

　家計を妻が管理する場合の夫婦間の権力関係は，事例ごとに大きく異なる。例えばM氏は，「主人は自分の小遣いは確保するんですけど，家計でどんだけかかってるかっていうのは，夫婦の会話できてないので，子どもに塾代がいくらとか，食費がどんだけかかってるっていうの全く知らない主人だったので」と発言している。同じような発言はO氏やR氏もしている。家計管理のやりくりをすべて押し付けられているともいえるが，同時に妻側が夫に対して意見をいえる基礎ともなっているといえる。

　例えばR氏は，以下のように小さな変化があったと語っている。「昭和のお

じさんなので，手伝わないよって。おまけに単身赴任だったので，彼は一切私の大変さを知らないみたいなところで，それでお金が回るんだったらいいよみたいな感じで始まったんですけど。だいぶ変わってきましたけどね。私，いない日，1日になったので，事務になって，そうしたら，きょう，いないんだね，分かった，じゃあ，ご飯はいいよとか，つくるよとか，これだけはやっておくよっていうふうに変わってはきたんですけど。」

職場の仲間意識と管理職忌避

　本調査では事前に，人事部が推進している正規職員登用制度（店舗に関しては，店舗限定フルタイムパート制度）について，自分が希望をするか（将来希望する可能性があるか）を質問している。そのほとんどの答えは，希望していていない（今後も希望しないであろう）というものであった。まず，希望しない理由として責任の重さをあげている人が多かった（A, D, F, G, J, K, P, S, V氏）。ここでの責任とは，正規職員がシフト作成などのパート職員のマネジメントをしなければならないことを意味する。

　例えば，D氏は，「トップがいるとしても直接，店長が管理してくれるラインではないので。店舗限定フルタイムパートなりが見てまとめる，統括するっていうのがある」と発言している。正規職員が部門や売り場のチーフとして入っていなければ，店舗限定フルタイムパートが他のパートを管理する。特にG氏は，店舗限定フルタイムパートの資格自体は取得しているのだが，実際に店舗限定フルタイムパートとして働く気持ちはないという。「職員がいなくなっちゃうと，自分が一番上になっちゃうと，指導とか」と発言しており，その責任が「絶対嫌だ」「結構なストレスですよね」という意見を生んでいる。宅配事業に関しても，例えばQ氏は，営業の仕事が増えること，さらにその業績が評価されることを嫌がっている。

　また，勤務時間が長くなり，また配置転換によって通勤時間が長くなり，家事・育児との両立が難しくなることを嫌がっている人もいた。例えばP氏は，正規職員登用試験を受けて合格もしているが，子どもが手術することが決まって正規職員転換を諦めている。P氏は，「1週間から10日の入院だったんですけど，やっぱり母親が社員で働いてると，何時に帰れるかわからないし，そこ

でちょっと主人にも，「無理なんじゃん」っていう感じで言われて，合格した
んですけど，ちょっと辞退させていただいて，パートに戻してもらいました」
と発言している。

　さらにI氏は，将来は店舗限定フルタイムパートになろうかという思いもあ
るが，店舗移動があることに躊躇し，勤務時間の増加を嫌がっている。L氏も
「やっぱり家があるので。そっからの出勤ってなっちゃうと，1時間，1時間半
考えちゃうと，実家まで1時間ちょっとかかる時間帯を高速で考えると，うー
んって感じになっちゃった部分は」と発言している。

　続けて，主婦パート職員が管理職を避けるのは，同じパートの中で仲間意識
があるからと解釈することも可能であろう。同じ仲間の中で管理する側になり，
その一方で正規職員との仲間意識はつくれないという立場を「責任が重い」と
いう言葉で表現しているともいえる。こちらからの「賃金が上がるメリットも
あるではないか」という問いかけに頷く人もいたが，そのようなメリットより
も「その責任」のほうが強く意識されていたと考えられる。

　先述したとおり，主婦パート職員は，同じ職場の仲間との間に家事負担への
共感と負担の貸し借り関係を構築してきた。また，長期勤続者の中には，地元
をともにする気心の知れた職場仲間との仕事を生きがいとしている人も多い。
正規職員になると，実質上，そのような仲間意識を共有した職場を失うことに
なる。移動すれば，職場を物理的に離れてしまうし，管理する立場になれば，
職場の仲間との関係を失うことになる。

職場内競争の激化

　宅配センターのグループ・インタビューにおいて営業や査定に対する心理的
負担を語る対象者が一定数いた（O, P, S, V, W氏）。生協全体で見ると，店舗
よりも宅配事業は収益事業であるが，人口が減少している地域などは，常に新
しい契約者を増やさなければならない。例えばW氏は，「配達ってすごく，「あ
りがとう」っていわれる仕事なんですけど，電話って結構ね，嫌がられる仕事
なんだよね」という。この市場競争の激しさは，主婦パート職員が正規職員を
希望しない理由でもある。正規職員になると，営業の成績に対する評価がより
厳しくなるからである。

6.　まとめ

　本章の聞き取り調査から以下のように分析結果を整理することが可能である。図6.2に示したのは，主婦パート職員が抱える課題を調査のフレームワークのうえに整理したものであり，実線は実際に選択されたもの，点線は，現時点では選択されていないものを表している。

　まず，多くの主婦パート職員は，結婚・出産によって専業主婦になっているが，多様な労働供給の制約の低下と多様な労働供給の目的の発生によって，パート職員として働き始めたり，労働時間を増やしたりしていることが確認された。特に育児に関しては，働くことの制約条件にもなるし，同時に教育などにかかる費用の増加が働くことの目的となっている。

　主婦パート職員が直面する問題は，仕事も家事・育児も求められる新・性別役割分業の問題であった。多くの夫はフルタイム就労という時間的制約に加えて，あまり家事・育児を手伝わないことが確認できる。夫は，共稼ぎ世帯でありながら，一人稼ぎ専業主婦世帯の性別役割分業意識を持っていると解釈できる。夫側の性別役割分業意識に対して，主婦パート職員の中には，批判的な意見を持っている者も多かった。しかし，彼女たちは，子育てに関しては強い規範意識を持っている。それゆえ，子どものために働くし，育児にも手を抜かないという二重負担を強いられていると解釈できる。これらは，主婦パート職員が正規職員に転換しない第1の理由であるといえよう。同じように移動を伴う正規職員転換を希望しないのは，通勤時間を長くしたくないからである。

　さらに，多くの主婦パート職員は，家計管理を任されていることが多かった。これは，夫婦間の複雑な権力関係を意味しており，家庭ごとにその関係もそれぞれである。少ない事例であるが，夫が家計を管理している場合もある。それよりは家計管理を任されている主婦のほうが家庭内の権限は大きいといえるが，同時に主婦は家計管理という責任の重い面倒な仕事を一方的に任されているとも解釈できる。家計が厳しいから労働時間を増やすという判断が行われることもあるし，夫のお小遣いを減らすという交渉が行われることもある。

　なお，将来的にも正規職員転換を希望する人が少ない理由としては，主婦パ

図 6.2　調査結果のまとめ

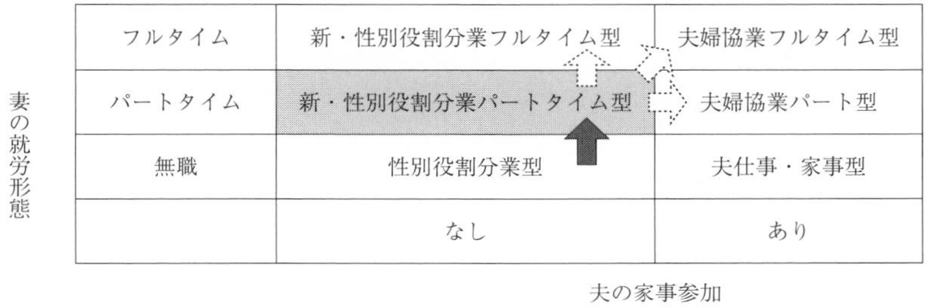

フルタイム	新・性別役割分業フルタイム型	夫婦協業フルタイム型
パートタイム	新・性別役割分業パートタイム型	夫婦協業パート型
無職	性別役割分業型	夫仕事・家事型
	なし	あり

妻の就労形態

夫の家事参加

ート職員は，同じ職場で長く一緒に働いてきた同僚の主婦パート職員に対して強い仲間意識を持っており，それゆえ，仲間である同僚を管理する側に回りたくないという意識があると解釈できる。

　以上の分析結果は，女性パート職員の人事施策を企画する際に，かならず考慮すべき点と言えよう。つまり，一方的に人事施策を提示するのではなく，主婦パート職員が直面している制約や目的，夫婦間の関係性や性別役割分業意識，さらに職場集団の特質などを十分に踏まえて制度導入や運用方法を企画する必要があろう。

◆参考文献
梅崎修（2018）「主婦パート労働者の働き方の選択：11 名のグループ・インタビューを中心に」『生協職員の働き方の現状と課題―ワークライフバランス研究会 2017年度の成果まとめ』No. 88。
落合恵美子（1994-1997）『21 世紀家族へ　新版』有斐閣選書。
厚生労働省（1998）『厚生白書』。
斉藤修（2013）「男性稼ぎ主型モデルの歴史的起源」『日本労働研究雑誌』55(9)，4-16。
千田有紀（2011）『日本型近代家族―どこから来てどこへ行くのか』勁草書房。
牟田和恵（1996）『戦略としての家族』新曜社。
松田茂樹（2001）「性別役割分業と新・性別役割分業―仕事と家事の二重負担」『哲学』（三田哲學會）106, 31-57 頁。
松田茂樹（2000）「夫の家事参加の規定要因」日本家族社会学会第 10 回大会テーマ

セッション「NFR データから見た日本の家族」。

山田昌弘（1994）『近代家族のゆくえ―家族と愛情のパラドックス』新曜社。

第7章　性別役割分業意識が仕事と家庭に与える影響

梅崎　修

1.　はじめに

　本章の目的は，生協に勤める主婦パート職員がどのような性別役割分業意識を持っているのかを把握し，そのような多元的な構造を持つ意識が働き方の選択や家庭内分業の選択にどのような影響を与えているのかについて検討することである。

　第6章でも指摘したように，主婦パート職員は，「近代家族」の基本的な特質である「夫は仕事，妻は家庭」という性別役割分業意識を抱えていると考えられる。ところが，共稼ぎ世帯数が一人稼ぎ専業主婦世帯数を超えた後，「夫は仕事，妻は家庭も仕事も」という新しい性別役割分業の問題が生まれているともいえる（松田（2000）参照）。聞き取り調査による定性的な分析では，主婦パート職員は，パートの仕事はもちろんであるが，育児・介護の負担（実際の夫婦間の分業）や家計運営などのさまざまな制約のもとで仕事と家庭内分業を同時決定することを迫られていた。さらに，その選択の最も大きな規定要因として夫と妻の性別役割分業意識があると解釈された。

　ただし，この第6章の分析結果は，少数の対象者に対するグループ・インタビューから発見された事実であり，全体の傾向を分析できたわけではない。主婦パート職員たちの性別役割分業意識の多元性を把握し，なおかつ，その働き方と家庭内分業に対する影響を検証する必要があろう。そこで本章では，3つの生協の女性職員への質問票調査を使って定量的分析を行う。

　ところで，性別役割分業意識は，仕事を始めた後や結婚や出産などライフイベントの後にも変化すると考えられるが，就業以前に形成されてきたものでも

ある。したがって会社側の人事施策を再検討する際にも，女性職員の性別役割分業意識とその影響力を踏まえる必要があるといえよう。特に主婦パート職員がどのような意識を持ち，どのような負担を抱えているかを把握することが，生協の人事施策上の重要な知見を与えうると考えられる。

　なお，本章の分析は，未婚の女性パート職員を外し，既婚，離死別，その他を選択した女性パート職員に絞る[1]。未婚者を外した理由は，後述するように本章では，性別役割分業意識に焦点を当てた分析を行うが，性別役割分業意識のすべての質問項目は，妻としての役割を質問したものであり，子どもに関する質問が多く含まれるからである（14 項目中 6 項目）。未婚者の場合，育児や家事について結婚した場合を想定して答えてもらうが，現実的には回答し難いと考える。また，結婚経験によって意識が変容する可能性も考慮すべきであろう。離死別で子どもがいない場合は，育児がない独身者ともいえるので，分析から省くことも検討したが，本章では，性別役割分業意識の分析では離死別も含め，夫に関する質問を使った分析では主婦パート職員のみを分析した。

　本章の構成は以下のとおりである。続く第 2 節では，性別役割分業意識と働き方や家庭内分業に対する先行研究を整理する。第 3 節では，就業形態別に女性職員の特性を把握する。第 4 節は，性別役割分業意識に関する探索的因子分析と，働き方や家庭内分業に対する性別役割分業意識の影響を推定した結果である。最後に第 5 節は，分析結果をまとめと実践的含意である。

2. 先行研究の紹介

　既婚女性の労働供給の理論を整理した Gordon and Kammeyer（1980）は，夫の所得や家計の支出などの経済状況を組み込んだ分析枠組みに加えて，性別役割分業意識などの社会意識を要因として組み込んだ分析枠組みを提案している。

　既婚女性の労働供給の代表的な理論としては，世帯主所得が高いほど配偶者の労働力率が低いという負の関係を観測した「ダグラス＝有沢の法則」がある。

---

　1 ）その他は，籍を入れていない事実婚が含まれると考えられるが，実際に，その他を選択した人数は少ない。

この法則は，1980年代後半から1990年代前半にかけて若干弱まったが，そのような動きは1990年代後半で止まっており，ダグラス＝有沢の法則は現在でも成り立っているといえる（例えば，多田（2015））。

　次に，後者の性別役割分析意識の効果についての実証研究も紹介する。長町（2002），藤野（2002），高橋（2007），および水落（2010）などの研究蓄積があげられる。まず，長町（2002）は，夫婦それぞれの意識を質問し，「妻が家事・育児に専念すべきであること」を肯定する場合，夫婦のどちらの意識であっても妻の就業の確率を引き下げることを確認している。また藤野（2002）は，長町（2002）と同じデータを使い，男性回答者に絞って分析を行い，夫の性別役割分業意識が妻の就業確率を低めることを確認している。

　一方，高橋（2007）は，男女の行動に対する抵抗感に対する質問項目を性別役割分業意識の代理変数としている。この変数を使って，性別役割分業意識が既婚女性の就業確率に影響を与えていること，そのうえで，本人の意識のほうが配偶者の意識よりも大きな影響を与えることを確認している。

　水落（2010）は，「母親育児専念」，「両親子育て」，「夫の収入責任」，「妻の家事責任」に対して賛成と反対を夫婦双方に質問している。この中でも母親は育児に専念すべきという規範を意味する「母親育児専念」が女性の就業確率を低めていることが明らかにされている。また，夫婦いずれかが母親の育児専念に反対している場合，夫婦がともに賛成している場合に比べて就業確率を高めていることが確認されている。

　これらの先行研究は夫婦双方に質問しているので，配偶者の影響や夫婦間の意識の組み合わせについても分析できるという利点がある。本章を含めた多くの調査は，女性側に対するものが多い。ただし，これらの研究における性別役割分業意識に対する質問は，直接的な質問に止まり，意識の多元性についての分析が不足しているといえる。性別役割分業意識の中にも，いくつかの次元があり，個々の次元が働き方や家庭内分業の選択に与える影響は異なると考えられる。上記の先行研究でも複数の質問項目がそれぞれ別の意味で使われているが，理論仮説や実証研究を考慮しながら複数の質問項目よって構成される潜在的な変数（因子）を探索するという分析過程を経ていない。

　他方，西村（2001）では，主婦だけを対象としていないが，探索的な因子分

析を行い，性別役割分業意識は，「狭義の性別分業意識」，「愛情規範」，「よい子育て意識」という 3 次元の構造で捉えられることを把握し，それぞれの次元を決定する要因を分析している。したがって本章では，この西村（2001）を参照して性別役割分業意識の多元性を分析し，その影響について分析する。

　なお，本章は，生協の女性職員を対象にしており，先行研究とは異なる。対象者全員が働いているので，就業の有無は被説明変数にはならない。そこで本章では主婦パート職員に分析焦点を当てて労働の量と質の選択や家庭内分業の選択に絞った分析を行う。

　主婦パート職員は，家庭においてすべての労働を担いつつ，企業，特にサービス・流通業においては，費用対効果の高い労働力として機能していたといえる。しかし，第 6 章の主婦パート職員の聞き取り調査で明らかになった彼女たちが直面する問題は，仕事も家事・育児も求められる新・性別役割分業の問題であった。松田（2000）によれば，新・性別役割分業とは，共働き世帯の増加に伴い，「夫は仕事，妻は家庭」という性別役割分業の原則から見ても「ゆがみ」が生じ，「夫は仕事」のままであるが，妻には「家庭も仕事も」担うべきという意識が形成された。要するに，夫が，共稼ぎ世帯でありながら，一人稼ぎ専業主婦世帯の性別役割分業意識を持っているならば，主婦パート職員は仕事と家事・育児の二重の役割を担い，なおかつそのワーク・ライフ・バランスを自分一人で調整しなければならないのである。

　もちろん，このような過度の負担は，夫婦間で話し合い，負担を調整することはできるが，妻のほうも性別役割分業意識を内面化していれば，二重の負担を積極的に受け入れてしまう可能性がある。本章では，この二重性を考慮しながら分析する。

3. 就業形態別に見た女性職員の特性

　本節では，未婚者を省いた女性職員の特性を記述統計から把握する。まず，生協に勤める女性職員の就業形態を確認する（表7.1）。パート職員が約 58％で最も多く，続いてアルバイト職員が約 37％である。非正規労働者の割合は大きいといえよう。本章におけるアルバイト職員とは，雇用区分としてはアルバイ

表 7.1　就業形態

就業形態	観測数	割合（%）
正規職員	167	5.63
パート職員	1,708	57.55
アルバイト職員	1,090	36.73
その他	3	0.10
合計	2,968	100

表 7.2　年齢と勤続年数

	平均年齢	平均勤続年数
正規職員	47.04	15.95
パート職員	52.92	10.56
アルバイト職員	56.54	9.09

トとして採用された従業員の中で，学生をサンプルから排除した女性職員である[2]。なお，その他は 3 名と少ないので分析からは除外した。

　次に，就業形態別に平均年齢と平均勤続年数を比較すると，パート職員は正規職員よりも年齢は高いが，勤続年数は短いことが確認できる（表7.2）。なお，アルバイト職員は，さらに年齢は高く，勤続年数は短い。

　続けて，就業形態別に結婚について比較する（表7.3）。非正規職員のほうが年齢も上であることからも予測できる事実であるが，年齢差に留意したとしても正規職員の既婚者の割合は低く（約 65%），パート職員の約 85%，アルバイト職員の約 87%は高い値といえよう。正規職員がパート職員やアルバイト職員に比べると離死別の割合が大きい理由は，離死別で独身者となり，子どもがいればシングルマザーになると，家計維持のために正規職員の働き方を選ばざるをえないとも考えられる。また，正規職員として一定の収入があるから離婚しやすかったとも考えられる。

　最後に，実際の月額給与を比較すると，正規職員は，20-30 万円に集中しているのに対して，パート職員やアルバイト職員は 10 万円未満が中心であることが確認できる（表7.4）。

4.　性別役割分業意識とその影響

4.1　分析①　女性職員の性別役割分業意識
　分析①では，生協の女性職員を対象にした性別役割分業意識の因子分析を行

2）詳しくは，本書末尾の付論を参照。

表 7.3　結婚について

			結婚の有無		
			既婚	離別・死別	合計
就業形態	正規職員	観測数	91	48	139
		割合（％）	65.47	34.53	100
	パート職員	観測数	1,386	248	1,634
		割合（％）	84.82	15.18	100
	アルバイト職員	観測数	915	132	1047
		割合（％）	87.39	12.61	100
	合計	観測数	2,392	428	2,820
		割合（％）	84.82	15.18	100

表 7.4　前月の給与（税込み, 残業含む）の割合（％）

	正規職員	パート職員	アルバイト職員	合計
10 万円未満	5.76	59.55	95.70	70.32
10 万〜 20 万円	36.69	36.90	2.77	24.22
20 万〜 30 万円	43.17	1.84	0.19	3.26
30 万円以上	14.39	1.71	1.34	2.20
合計	100	100	100	100
観測数	139	1,634	1,047	2,820

い，性別役割分業意識の構造を把握する。先述したとおり，性別役割分業意識に関する尺度は，多数存在するが，本章では，西村（2001）で使われた以下の質問項目（14 項目，5 件法）を採用した[3]。

　西村（2001）では，分析前には，理論研究や先行する実証結果を参照し，①狭義の性別分業意識（性別という論理によって役割分業が判断される次元），②愛情規範（女性が家事や子育てを行うことに愛情という意味を付与すること），③志向性（家事や子育てが「好きか嫌いか」で判断される次元）の 3 つの因子構造を想定している。ただし，実際に西村（2001）の探索的因子分析の結果は想定どおりではなく，相関の高い変数を分析から除外し，再度分析を行

3）5 件法は次のような選択である。「5：そう思う，4：どちらかといえばそう思う，3：どちらともいえない，2：どちらかといえばそう思わない，1：そう思わない」。

表 7.5　因子分析結果

	質問項目	第一因子	第二因子	第三因子	Uniqueness
狭義の性別役割分業意識	1. 男は外で働き，女は家庭を守るべきである	−0.0042	***0.7529***	0.0396	0.4316
	2. 子育ての責任は母親が持つべきである	0.0248	***0.7642***	−0.0045	0.4154
	3. 妻は家事に責任を持つべきである	0.0856	***0.7227***	0.1583	0.4453
	4. できることなら仕事は持たず，専業主婦（主夫）でいたい	−0.0657	***0.4218***	0.1028	0.8072
	5. 夫も家事に責任を持つべきである	−0.0137	***0.2541***	−0.2149	0.8891
愛情規範	6. 家族の食事は愛情をこめてつくるべきである	0.3127	0.0431	***0.5131***	0.6371
	7. 家の中のことは，すべて自分でわかっているようにしておきたい	0.1712	0.0836	***0.5996***	0.6042
	8. 親は子どもにできるだけのことをしてやるべきである	0.2199	0.0689	***0.6059***	0.5797
	9. 子どもは母親の愛情がなければうまく育たない	0.1843	0.1668	***0.4984***	0.6898
	10. 子どもをかわいがることのできる親だけが，子どもを持つべきである	0.1046	0.1774	***0.3397***	0.8422
家事・育児のやりがい	11. 家事をするのはおもしろい	***0.4073***	0.1471	0.1322	0.795
	12. 家事をすると気持ちがさっぱりする	***0.4071***	0.1239	0.1735	0.7888
	13. 子育ては楽しいことだ	***0.8910***	0.0258	0.0727	0.2002
	14. 子育てはやりがいのあることだ	***0.8585***	0.0014	0.1526	0.2396

い，新たに 3 つの因子が抽出されている。西村（2001）は，それぞれ第 1 因子は「狭義の性別分業意識」，第 2 因子は「愛情規範」，第 3 因子は「よい子育て意識」と名づけている。

　なお，西村（2001）の対象者は，1999 年に東京都大田区・品川区に在住する 25 〜 64 歳 の女性であり，本章の調査対象とは性別以外の属性が大きく異なる。それゆえ本章では，この分析結果を参考にしながら，生協の女性職員を対象に同じ質問項目を使って探索的因子分析を行った（主因子法・Varimax 回転）。分析結果は，表 7.5 に示したとおりである。因子負荷が高いものを太字で下線を引いた。

　分析結果は，西村（2001）と同じ 3 因子構造の分析結果であるが，項目数もそれらの組み合わせも部分的に異なる。本章では，第一因子を「家事・育児のやりがい」，第二因子を「狭義の性別役割分業意識」，第三因子を「愛情規範」

表 7.6　因子間の相関係数

	①	②	③
①第一因子	1		
②第二因子	0.004	1	
③第三因子	0.091	0.056	1

表 7.7　就業形態別の性別役割分業意識の比較

	正規職員	パート職員	アルバイト職員
家事・育児のやりがい	− 0.059	0.016	− 0.056
狭義の性別役割分業意識	0.163	0.044	− 0.129
愛情規範	0.176	− 0.021	− 0.001
観測数	97	942	527

と名づけた。「狭義の性別役割分業意識」の名称は西村（2001）の定義と同じ意味であるが，「家事育児のやりがい」は，ワーク・ライフ・バランスや質問項目の組み合わせを考慮して新たに名づけた。一方，本研究の「愛情規範」は，主に子どもに対する母親としての社会規範を含めた意識を内面化しているかどうかを考慮した。

　以上要するに，性別役割分業意識は，夫婦の性別役割分担を受け入れているのか，また，家事や育児を愛情規範として受け入れているのか，それとも一つのやりがいがある仕事として意味づけているのかというように多元化している。因子間の相関関係は表 7.6 に示したとおりである。それぞれの相関係数は小さいので，それぞれ独立したものを測っているといえよう。

　最後に，就業形態別に各因子の平均得点を比較する（表 7.7）。ここで確認できる特徴は「狭義の性別役割分業意識」や「愛情規範」は正社員の方が強く，パートに関しては「家事・育児のやりがい」が高い点である。家事・育児のために（ワーク・ライフ・バランス）のためにパートという働き方を選択している場合，「狭義の性別役割分業意識」や「愛情規範」が強いので，パートを選択し家事・育児に時間を割いているというよりも，家事・育児にやりがいを感じているので，パートという働き方を選択しているという解釈が成り立つ。

4.2　分析②　性別役割分業意識が働き方と家庭内分業に与える影響

推定式

　続いて，分析①の結果をふまえて，性別役割分業意識が仕事や家庭に与える影響を分析する。なお，ここからは，夫婦関係に関する質問を説明変数として推定式に追加するので，既婚の主婦パート職員（離死別は含まない）に対象を絞って分析する。また，パート職員とアルバイト職員は，前節の記述統計の分析でもその特徴が異なるので，分析対象をパート職員に限定した。

　はじめに，図7.1，図7.2に示した2つ推定モデルを考える。これらのモデルでは，性別役割分業意識の3因子を採用し，それぞれの効果の違いを比較する。

　続いて，分析に使用する質問項目を説明する。まず，被説明変数としては，以下の5つを選択する。まず，推定モデルⅠでは，仕事の量と質を変える希望と家庭内分業の希望について分析する。今回の調査では，すでに働いている女性パート職員に対して行われているので，無業（専業主婦）から就労への選択については分析できないが，その量を増やしたり，仕事の質を変えたりする（賃金も上がる）という選択を分析できる。仕事の量については労働時間の増加（「働く時間を自由に選べるとしたら，あなたは，いまよりも労働時間を増やしたいですか，減らしたいですか」5：大幅に増やしたい，4：増やしたい，3：いまのままでよい，2：減らしたい，1：大幅に減らしたい）を採用し，質については，正規職員転換希望（「あなたは，正規職員になりたいですか」1：なりたい，0：なりたくない＋わからない）を採用する。第6章の聞き取り調査でも説明したように，正規職員転換は，労働時間が長くなるだけでなく，管理の仕事が増えることや店舗や宅配センター間での移動が増えることを意味する。性別役割分業意識は，これらの働き方の希望に対して負の影響を与えていると予測される。

　次に，家庭内分業に関しては，家事，育児，介護の役割における分担割合（「家庭内での家事，育児，介護の役割のすべてを10割とすると，あなたは現在，そのうちの何割くらい分担していますか」約0～10割の選択肢を約0～100％へ変換）を採用した。性別役割分業意識の強いほうが家庭内分業の割合を増やすと考えられる。

　続いて，推定モデルⅡでは，職業生活の満足度と生活全般の満足度を被説明

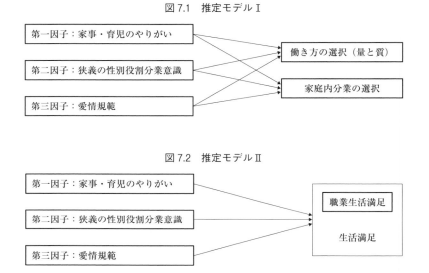

図7.1　推定モデルⅠ

図7.2　推定モデルⅡ

変数として採用する（5：満足，4：やや満足，3：どちらでもない，2：やや不満，1：不満）。生活全般は余暇に関する質問ではなく，職業生活も含むと考える。まず，性別役割分業意識が強く，家事・育児の時間を増やし，仕事を控えれば，職業生活の満足度は低下すると予測される。一方，生活全般の満足度は，仕事も家庭もすべて含むものなので，性別役割分業意識の影響を予測することは難しいといえよう。

　このほかに統制変数として年齢（年），勤続年数（年），同居する子どもの有無（中学生以下０：なし，１：あり），就業調整の有無（０：なし，１：あり），夫の仕事（基準：会社役員，会社員（フルタイム），会社員（パートタイム），自営業，無業（主夫），無業（退職・リタイア），その他），入社時にパートを希望していたか（「あなたは，もともとパート・アルバイトで働くことを希望していましたか」０：希望していない，１：希望していた）を選択した。

　年齢や勤続は，個人属性として働き方や生活に影響を与えると考えられる。次に同居する子どもは，育児の負担を高めると考えられる。ただし，この場合の子どもは，質問項目の設計上，同居する兄弟の子どもや孫も含まれている。

表 7.8　基本統計量

	観測数	平均	標準偏差	最小値	最大値
労働時間増加	1,378	3.102	0.720	1	5
正規職員転換希望	1,343	0.131	0.338	0	1
家事・育児・介護分担	1,352	82.286	19.997	0	100
職業生活満足度	1,367	3.100	0.950	1	5
生活満足度	1,366	3.447	0.926	1	5
年齢	1,298	52.948	8.555	22.5	76.5
勤続年数	1,297	10.654	7.513	0	37.4
同居子ども（中学生以下）	1,386	0.250	0.433	0	1
就業調整ダミー	1,139	0.342	0.474	0	1
入社時パート希望	1,353	0.953	0.212	0	1

表 7.9　夫の仕事

夫の仕事	観測数	割合（%）
1.　会社役員	210	15.66
2.　会社員（公務員）・フルタイム	653	48.70
3.　会社員（公務員）・パートタイム	97	7.23
4.　自営業	160	11.93
5.　無業（主婦・主夫）	13	0.97
6.　無業（退職・リタイア）	146	10.89
7.　その他	62	4.62
合計	1,341	100.00

　さらに，夫の仕事は，彼らの働き方や収入によって主婦パートの働き方や生活にも影響を与えると考えられる。そもそも，夫の性別役割分業意識も影響を与えると考えられるが，夫側への調査を行うのは難しく，この調査でそれを把握できていない。

　最後に，分析で使う変数の基本統計量を以下に示した（表7.8, 7.9）。質問項目ごとに未記入数が違うので，それぞれの観測数は異なる。

推定結果

　はじめに，推定モデルⅠの推定結果を確認する。表7.10 は，労働時間の増加と正規職員転換希望に対する推定結果である。労働時間の増加に対しては，

表 7.10　労働時間増加と正規職員転換への希望

	労働時間増加			正規職員転換希望		
	係数	標準誤差	z 値	係数	標準誤差	z 値
家事・育児のやりがい	− 0.010	0.037	− 0.270	− 0.018	0.054	− 0.340
狭義の性別役割分業意識	− 0.011	0.039	− 0.270	− 0.051	0.057	− 0.890
愛情規範	− 0.040	0.043	− 0.930	− 0.176	0.067	− 2.640 **
年齢	− 0.011	0.006	− 1.790 #	0.004	0.009	0.420
勤続年数	0.001	0.006	0.180	0.005	0.009	0.600
同居子ども（中学生以下）	0.116	0.101	1.150	0.051	0.150	0.340
就業調整ダミー　基準：就業調整なし	0.100	0.075	1.330	− 0.001	0.112	− 0.010
会社員（フルタイム）基準：会社役員	− 0.238	0.102	− 2.330 *	− 0.284	0.147	− 1.920 #
会社員（パートタイム）	− 0.302	0.162	− 1.870 #	− 0.209	0.241	− 0.870
自営業	− 0.346	0.141	− 2.450 *	0.183	0.189	0.970
無業（主夫）	0.217	0.363	0.600	0.591	0.440	1.340
無業（退職・リタイア）	− 0.255	0.149	− 1.710 #	− 0.060	0.214	− 0.280
その他	− 0.381	0.196	− 1.940 #	0.211	0.261	0.810
入社時パート希望（基準：希望なし）	− 0.353	0.168	− 2.100 *	− 0.424	0.221	− 1.920 #
切片 1（定数項）	− 3.684	0.396		− 0.921	0.532	− 1.730 #
切片 2	− 2.053	0.368				
切片 3	− 0.335	0.364				
切片 4	0.872	0.367				
観測数		1,002			995	
LR chi2（9）		35.35			28.77	
Prob > chi2		0.0013			0.0112	
PseudoR2		0.0167			0.0379	
Log likelihood		− 1043.1332			− 365.57805	

（注）　# : p<0.1，* : p<0.05，** : p<0.01，*** : p<0.001。

　性別役割分業意識の 3 因子はどれも統計的に有意な値を得られなかった。その他の変数としては，入社時にパート職員を希望していれば，労働時間増加に有意な負の値であることが確認できる。

　一方，正規社員転換の希望については，「愛情規範」が統計的に有意な負の値であることが確認された。「家事・育児のやりがい」と「狭義の性別役割分業意識」は，予想どおり係数は負の値であったが，非有意な結果であった。この分析結果から，性別役割分業意識のなかでも「愛情規範」が高い主婦パート職員は，労働時間も増加し，移動によって通勤時間も増加し，管理の仕事を担

表 7.11　家事・育児・介護分担への影響

	家事・育児・介護分担		
	係数	標準誤差	z 値
家事・育児のやりがい	−0.758	0.633	−1.200
狭義の性別役割分業意識	1.151	0.665	1.730 #
愛情規範	−2.775	0.723	−3.840 ***
年齢	0.097	0.108	0.900
勤続年数	−0.201	0.100	−2.000 *
同居子ども（中学生以下）	2.526	1.728	1.460
就業調整ダミー　基準：就業調整なし	−0.992	1.271	−0.780
会社員（フルタイム）基準：会社役員	3.967	1.723	2.300 *
会社員（パートタイム）	2.590	2.724	0.950
自営業	1.586	2.379	0.670
無業（主夫）	−3.504	6.426	−0.550
無業（退職・リタイア）	−3.614	2.547	−1.420
その他	−4.388	3.314	−1.320
入社時パート希望（基準：希望なし）	0.850	2.861	0.300
切片 1 （定数項）	76.730	6.279	12.220 ***
観測数		989	
Prob > F		0.000	
Adj R-squared		0.0423	

（注）　# : p<0.1，* : p<0.05，** : p<0.01，*** : p<0.001。

当する正規職員になりたいとは思っていないと解釈できる。

　次に表 7.11 は，家事・育児・介護分担の推定結果である。「狭義の性別役割分業意識」は統計的に有意な正の値であり，「愛情規範」は有意な負の値であった。「狭義の性別役割分業意識」が家事・育児・介護分担の割合を増やすことは予測どおりといえるが，「愛情規範」は，予想と異なり有意な負の値であった。

　最後に，推定モデルⅡの職業生活や生活全般に対する満足度の分析結果を確認する（表 7.12）。はじめに，職業生活満足度に対しては，「家事・育児のやりがい」と「狭義の性別役割分業意識」が有意な負の値であった。つまり，これらの性別役割分業意識が高ければ，職業生活に不満を抱えることになる。この推定結果は，先述した性別役割分業意識が正社員転換の希望を減らすという分析結果とも整合的であるといえよう。

表 7.12　職業生活と生活一般への満足度

	職業生活満足度			生活満足		
	係数	標準誤差	z 値	係数	標準誤差	z 値
家事・育児のやりがい	−0.146	0.036	−4.060 ***	−0.271	0.037	−7.390 ***
狭義の性別役割分業意識	−0.117	0.038	−3.090 **	−0.115	0.038	−3.000 **
愛情規範	0.002	0.041	0.040	0.048	0.042	1.170
年齢	−0.011	0.006	−1.900 #	−0.013	0.006	−2.120 *
勤続年数	−0.015	0.006	−2.560 *	−0.009	0.006	−1.500
同居子ども（中学生以下）	−0.183	0.098	−1.860 #	−0.293	0.099	−2.960 **
就業調整ダミー　基準：就業調整なし	0.026	0.072	0.370	0.018	0.073	0.240
会社員（フルタイム）基準：会社役員	−0.092	0.098	−0.940	−0.071	0.099	−0.720
会社員（パートタイム）	0.127	0.156	0.820	0.062	0.156	0.390
自営業	0.009	0.135	0.070	−0.155	0.136	−1.140
無業（主夫）	−0.157	0.347	−0.450	0.168	0.351	0.480
無業（退職・リタイア）	0.153	0.143	1.070	−0.071	0.144	−0.490
その他	0.012	0.188	0.060	−0.100	0.189	−0.530
入社時パート希望（基準：希望なし）	0.120	0.162	0.740	−0.009	0.164	−0.060
切片1　（定数項）	−2.378	0.358		−2.981	0.366	
切片2	−1.405	0.353		−2.068	0.358	
切片3	−0.400	0.352		−0.983	0.355	
切片4	0.942	0.354		0.346	0.355	
観測数		991			992	
LR chi2（9）		48.02			78.42	
Prob >chi2		0			0	
PseudoR2		0.0178			0.0301	
Log likelihood		−1328.3463			−1261.8167	

（注）　# : p<0.1，* : p<0.05，** : p<0.01，*** : p<0.001。

　一方，生活満足度は，「家事・育児のやりがい」と「狭義の性別役割分業意識」は有意な負の値であったが，「愛情規範」は非有意であるが正の値であった。この結果に関しては，どのような解釈が可能かを検討する必要があろう。

　なお，職業生活満足度と生活満足に対して，同居子ども（中学生以下）が有意な負の値であった。とりわけ末子年齢が低い中学生以下の子どもがいる世帯では，育児，もしくは育児のサポートが大きな負担であると解釈できる。

5. まとめ

　本章では，女性労働者の多元的な性別役割分業意識の構造を把握し，女性パート労働者に絞って，多元的な構造を持つ意識が働き方の選択や家庭内分業の選択に与える影響を分析した。

　第1に，性別役割分業意識は労働時間の増加希望には影響を与えないが，性別役割分業意識の「愛情規範」は，正社員転換希望という質的変化に対しては負の効果を持つことが確認された。第6章の主婦パート職員の聞き取り調査でも，家計支出が労働時間を増やす大きな要因であったので，性別役割分業意識にかかわらず，家計の必要性から労働時間が選択されていると解釈できる。一方，正規職員転換は，労働時間だけでなく，仕事の内容が管理へと変化するので，性別役割分業意識が強い人（弱い人）は，正規職員を選択しない（選択する）といえよう。

　第2に，「狭義の性別役割分業意識」に関しては家庭内分業の割合を増加させることが確認された。この結果は，想定どおりであった。一方，想定外であったのが，主に子どもに向いている「愛情規範」は，家族内分業の割合を減少させることであった。

　最後に，「家事・育児のやりがい」と「狭義の性別役割分業意識」は職業生活満足と生活満足に対して負の効果，一方，「愛情規範」は非有意かつ正の効果であった。家事・育児の時間を増やし，仕事を控えれば，職業生活満足は低下するとも解釈できるが，生活満足の推定に関しては解釈が難しい。続けて，追加的な議論が必要であろう。

　まずは，生活満足度に対して「家事・育児のやりがい」と「狭義の性別役割分業意識」が負の効果である理由として，まず，性別役割分業意識は，第一に仕事と家庭の両立に対して主婦のみに担わせるという「新しい性別役割分業」（松田（2000）参照）をもたらしており，生活の満足を低めていると解釈できる。

　他方，「愛情規範」だけは非有意かつ正の効果であるという結果に対しては，今回分析できなかった夫側の意識（の変化）の影響を受けている可能性も考慮する必要があるかもしれない。例えば，愛情規範の高い主婦には，愛情規範の

高い夫がいる事例を考えてみよう。子どもが生まれた結果として規範意識が変わったのかもしれないが，夫が積極的に育児に参加すれば（言い換えれば，育児だけには参加してみたいという意識があれば），妻の育児負担は減少すると考えられる。つまり，夫側も育児負担の負担だけは共有しており，夫も「仕事も育児も」という分担が成り立ち，生活に対する満足度は低まらないと解釈することもできる。このような解釈は，夫側の意識を把握しない限り，残念ながら検証できない。今後の課題として夫婦セットで性別役割分業意識を調べて分析したい。

　以上の分析結果を踏まえると，人事部が業績向上のために主婦パート職員の活用を考えるためには，彼女たちの性別役割分業意識と彼女たちが直面せざるをえない制約について理解しておくべきであるといえよう。どのような意識を持って家事・育児・介護を担っているかについて把握せずに，組織側の都合だけで働き方の選択肢を提示しても誰も選ばない（選べない）といえるのではないか。

　もちろん，社会変化に適応していない性別役割分業意識が変わることが重要である。ただし，現実的には妻も夫も，このような性別役割分業意識をなかなか変えられないので，雇う側は，「仕事も育児も」という家庭内分担が可能かを踏まえて人事施策を検討しなければならないのである。なお，子育てや介護を終えている高齢者は，主婦の二重の負担から解放されているともいえる。高齢者の活用については，新しい人事課題として検討するべきであろう。今後の研究課題としたい。

◆参考文献

高橋桂子（2007）「既婚女性の就業選択と性別役割意識」『日本家政学会誌』58（11），709-718頁。

多田隼士（2015）「日本経済を考える（47）女性の活躍促進のための新たなアプローチの必要性：ダグラス・有沢の法則の変化とその要因」『ファイナンス：財務省広報誌』51（1），88-95頁。

藤野敦子（2002）「子供のいる既婚女性の就業選択—夫の働き方，性別役割意識が及ぼす影響」『家計経済研究』56，48-55頁。

長町理恵子（2002）「既婚女性の就業選択における夫と妻の意識の影響」『生活社会

　　科学研究』9，29-42 頁。

西村純子（2001）「性別分業意識の多元性とその規定要因」『年報社会学論集』14，
　　139-150 頁。

松田茂樹（2001）「性別役割分業と新・性別役割分業―仕事と家事の二重負担」『哲
　　学』（三田哲學會）106, 31-57 頁。

水落正明（2010）「夫婦性別役割意識と妻の就業」『家計経済研究』86，21-30 頁。

Gordon, Henry A. and Kammeyer, Kenneth C. W. (1980) "The Gainful Employment
　　of Women with Small Children," *Journal of Marriage and Family*, Vol. 42, No2,
　　327-336.

第8章　キャリアパート職員のモチベーションを規定する要因
——肉声が語る「なぜ,ここまで頑張って来られたのですか?」——

平田未緒

1. はじめに

　生協の店舗運営は,パート職員なくして成立しない。各店舗に在籍する正規職員は,店長・副店長など2～3人というところがほとんどで,他はすべてパート職員の力で運営されている。もちろん,鮮魚・精肉・日配・レジなど店舗における各部門の責任者も,多くの場合,パートリーダーと呼ばれるパート職員が担っている。

　まさに現場の要ともいえるパートリーダーの仕事は,①さまざまな視点での毎日の需要予測(例えば曜日や天候・季節や,地域の学校の運動会や遠足,お祭りといったイベント,チラシ掲載品か否かなど)に基づく発注,②発注した商品を売り切るための売り場づくり,③その結果としての売上や利益等の数値管理,さらには④他の一般パート職員のシフト調整や教育・育成・評価等のマネジメント,および⑤それら現場の状況の上司への報告や相談,逆に⑥上司からの情報や指示を一般パート職員に伝達するなど中間管理職の役割,まで幅広く,大きい。

　つまり,店舗運営の成否は,リーダーの役割を担えるキャリアパート職員を,いかに育成できるかによっている。全国的に人員不足の状況にあるいま,これは各生協共通の課題といっていいだろう。

　半面,キャリアパート職員の育成は,容易ではない。理由の第1は,パート職員は女性が多く,キャリアを積む以前に退職してしまったり,勤務時間や勤

務時間帯を限定して働きたい人が多いことだ。さらに，第2の理由として，そもそもパート職員の多くが「リーダーになりたくない」と考えていることがある。つまり，キャリアパート職員を育成するためには，雇用しマネジメントする側が，働く側であるパート職員に対し，「そもそも希望していない働き方」を選択するよう，関わっていく必要がある。

　この難しいマネジメントを，さらに難しくしている要因がある。それは「希望していない」理由が，パート職員本人の個人的な意思のみに，必ずしも起因していないことである。すでに第7章で明らかにしているように，女性パート職員の多くを占める主婦パート職員が，「勤務時間や勤務時間帯を限定して働く」背景には，日本社会の「性別役割分業意識」が強く影響している。

　いまや共働き世帯は1,219万世帯に及び，「夫は仕事，妻は家庭（専業主婦）」である606万世帯の，2倍以上になっている（2018年総務省「労働力調査（詳細集計）」）。にもかかわらず，共働き世帯の性別役割分業意識は，「夫は仕事」なまま，「妻は家庭『も』仕事『も』」となっている。これでは，妻が悲鳴をあげる。女性パート職員が主婦パートである場合，「家庭『も』仕事『も』」担わざるをえない状況を背景に，「勤務時間や勤務時間帯を限定して働く」ことを希望するのは，ある種の必然といえるだろう。

　これに加えて第7章では，パート職員が管理職になることを忌避する一因として，「職場の仲間意識」があると述べている。生協でリーダーを務めるキャリアパート職員の役割は，一般のパート職員とは明らかに違う。リーダーとなれば，これまでパート同士強い仲間意識を培ってきた職場において「一人だけ外れて」しまう。このことへの抵抗感は，想像に難くない。

　「性別役割分業意識」に基づき生じている家庭内分業の状況を変えるには，パート職員の「夫」を変える必要がある。また，「職場の仲間意識」に基づくリーダー登用への抵抗感は，当人たちの感情であり気持ちの問題だ。いずれも，マネジメントが手を出しづらい部分であり，キャリアパート職員の育成を，なお一層，難しくしている。

　しかし，そんな環境にありながらも，実際に「キャリアパート職員」として働いている人はいる。彼女たちは，いったい何に動機づけられ，その役割を担うようになったのか？　そのモチベーションを規定する要因は，いったい何な

表 8.1　調査対象者の概要

生協 A	
実施日	2017 年 11 月 28 日
対象	パートリーダー 3 人　パート 1 人
生協 B	
実施日	2018 年 1 月 18 日
対象	パートリーダー 4 人
生協 C	
実施日	2018 年 2 月 21 日
対象	嘱託職員　1 人 パート 3 人

のか？　このことを明らかにすべく，生協の店舗で実際にリーダーとして働く
パート職員や，リーダー登用一歩手前のパート職員たちに，インタビュー調査
を行った。

2.　調査対象

　インタビュー調査は，生協 A・生協 B・生協 C の 3 生協に，「すでにリーダ
ーとして働くパート職員」「パート職員から嘱託職員に登用されたパート職員」
「リーダー登用一歩手前の一般パート職員」をキャリアパート職員として推薦
してもらい，実施した（調査時期は表 8.1 参照）。

　生協 A は，事業供給高約 500 億円（うち店舗供給高は約 100 億円），職員数
約 3,000 人（正規職員・パート職員〈正規換算〉・アルバイト職員〈同〉）であ
る。生協 B は，事業供給高約 150 億円（うち店舗供給高約 30 億円），職員数約
700 人（同）である。生協 C は，事業供給高約 200 億円（うち店舗供給高約 90
億円），職員数約 1,300 人（同）である。

　いずれも，地方の県庁所在地を本拠地としており，組合員には長年の利用者
が多い。

3. 事例——キャリアパート職員の肉声

　ここでは，実際にキャリアパート職員として働く人が，「なぜ（リーダーの役割が担えるまでに成長するほど）勤続しているのか」。また，固辞する人も多いリーダー職を「なぜ引き受けているのか」について，キャリアパート職員本人にインタビューした結果を紹介する。その際，キャリアパート職員のモチベーションを規定する主な要因を，本人の肉声から抽出した。

　インタビューは，すべてテープ起こしを行った。これを読み返し整理するなかで見えてきた要因は，大きく3つに分類された。すなわち「1. 自ら考えて仕事ができる」こと。そして「2. 上司や会社による直接的な教育・育成」がなされていること。さらに「3. 仲間や家族からの応援」があることだ。また，3つのうちどれが一番影響しているかは，人によって違いがあった。

　そこで事例は，インタビューしたキャリアパート職員を，前述の3つのうち何に一番動機づけられているのか？　という観点から，「①自律・自発型」「②上司・環境型」「③周囲からの応援型」に分類し，紹介する。

　加えて，「リーダー登用一歩手前の一般パート職員」に行ったインタビュー事例から，もともとまったくキャリア志向のなかった若手パート職員が，キャリアに目覚めていく過程を紹介したい。そこでは「4. 自分自身の新たな可能性の発見」が大きく作用しており，彼らについては「④自己実現・目覚め型」とした。

　もちろん，人を動機づける要因は，一つに絞れるわけではない。さまざまな要因が，人により複雑にからみあって，モチベーションを規定している。ついては，これらの多彩な要因を，本章の末尾に表8.2としてまとめ掲載した。併せて，参考にしていただければ幸いだ。

①自律・自発型
〜自ら考えて仕事ができることに，動機づけられるタイプ〜

〈事例1〉　50代でリーダーとして再入職を決意〜メンバーの育成に込めた願い〜
　　　　　　　　　　　　　　　　　　　パートリーダー　Aさん　50代　女性

　生協のパート職員として働いていたものの，病気を患い治療のために退職。その後，新店舗のオープンに伴い「パートリーダーとして」再入職したAさん。当時，すでに別の企業でパート勤めをしていたAさんは，生協に勤めていたころの上司から，ある日突然再入職をすすめる電話を受け，返答に躊躇した。

　「一度退職している身です。当時からの先輩パートもまだ働いているなか，ブランクのある私が上に立つ役割として再入職するのには覚悟が要りました。それでも入社を決めたのは，50代になり，他の職場で一から仕事を覚えていては，マネジメントする側には立てないだろう，と考えたからです。その一方で，年齢的に『もう上に立つ仕事はしなくていいんじゃないか』とも考えました。でも，迷った末，リーダーを引き受けることを決断したんです」

　Aさんは，若いころから「言われた仕事だけをする」ことに飽き足らず，常に業務上の工夫をしたり，自ら仕事を創っていくタイプ。例えば一回目の生協入職前，ファストフード店でパートをしていたときも，「それまで販売と調理は別の人が担当していた」が，これを「一人でこなせるように教育をしたり，仕組みの改善をして，アイドルタイムの人件費を大幅に削減した」と振り返る。

　そうした持ち前の資質はありながら，不安な気持ちも抱いていたAさん。改めて生協で働くことになって，自らの役割をまっとうしていくにあたり「生協側の事前対応に助けられた」と，再入職当時を振り返る。その一つが，新店オープンに先駆けての，既存店での研修勤務だ。既存店が人員不足だったこともあり，新店で自分がリーダーを努める部門と同じ部門で9ヶ月間，じっくりとOJTが受けられた。それも，既存店のリーダーに付き，サブリーダーとして働けたことが，直接的に役立った。「生協での仕事の感覚を取り戻し，リーダーとしてのふるまい方を習得できた」という。

　もう一つが，新店の開店前に，オープニングスタッフを集めてのミーティングが開かれたことである。今後，部門を率いていく立場として，「ともに働く

皆さんと，一から部門を創っていけたことは，本当に大きかったです」とＡさんは振り返る。

　リーダーとしての仕事も軌道に乗ったいま，そんなＡさんの大きなやりがいになっているのが，メンバーであるパート職員の育成だ。

　「新店オープンに伴い入職した新人と，既存店からの異動で新店のメンバーとなったベテランの双方と接していて気づきました。勤務期間が長いからといって，仕事を熟知しているわけじゃないんです。そうではなく，『どれだけ仕事に興味を持てるか？』が成長のポイントなんだと思いました。だから私は，できるだけメンバーとともに仕事をしながら，一人ひとりに質問をするようにしています。例えば，『毎日来ているあの業者さんの名前は？』とか『この食材の仕入れ先はどこ？』といった感じです。仕事は，段取りや，外部や他部署とのつながりがわかったほうが，楽しいです。そればかりか，知識があり段取りがわかっていれば，仮に発注もれがあった場合などでも，私の判断を仰がずに自分たちで判断し，適切な行動がとれるようになります。このことは，仕事の効率化や，喜びにつながります。私は自分の職場を，そんな，楽しくてかつ生産性の高い職場にしたいんです」

　ところが，新店の店長は，そんなＡさんのやり方に，ある日ストップをかけたという。「リーダーには書類作成など管理業務もある。リーダー自ら現場の一員となって作業をしていると，全体の仕事が回らなくなる」というのが，理由である。しかしＡさんは，これにしたがっていない。「リーダーとはいえ私もパート。仲間のパートとともに現場に入るからこそ，仲間も私の指示やアドバイスを聞いてくれる」のだと思うからだ。

　「確かに，管理業務と現場作業の両立は大変です。教育には時間もかかります。でも，そんないまを乗り越え，少しずつ人が育っていけば，いずれ私自身が現場に入る必要もなくなるかもしれません。そのためにもいまは，自分の休憩時間を削って書類作成にあててでも，自ら人に教えたいんです。その場合も『失敗してもいいから，とりあえずやってみて』など，最後は私が責任をとるようにしています。安心してチャレンジできる環境を用意し，挑戦させて，相手ができるようになると『あ，覚えたね！』って。メンバーの成長を，メンバーと一緒に喜んであげることが，いまでは生きがいみたいになっています」

そんなAさんに店長は，何もいわなくなったという。「私のやり方を尊重してくれている」店長に感謝している。

〈事例2〉　アルバイトで入社しバイヤーへ〜多彩な仕事の工夫が働く魅力〜
嘱託職員　Bさん　30代　男性

　Bさんが地元の進学校を卒業し，生協にアルバイト職員で入職して17年。これまで生協以外でも，「正規」従業員としての勤務経験はない。理由は「ともかく，いろんな仕事をしたかった」こと。勉強も好きだったが，高校在籍中から漁船を洗ったり，大工仕事など，多彩なアルバイトを経験してきた。そんななか「小売りもやってみたい」と思って応募したのが，生協だ。

　「入職後は，店舗から最も近くに住んでいるのが僕だったこともあって，悪天候のときの早出の依頼に始まり，さまざまな仕事を頼まれました。結果的に，レジ以外は検品や研修所も含め全部経験させてもらったのですが，これが本当に面白かったんです。というのは，同じ作業でも，売り物によって，望ましいやり方がまったく違うんですよね。例えば，値付け作業です。生鮮は売価を自分で決められますが，ドライは売価がほぼ決まっています。なので，価格ではなく新商品であることのアピールや，イベント・季節感で売っていくとか……つまり，仕事の工夫の仕方が部署によって全然違うんです。これが本当に面白くって」とBさんは話す。

　そんなBさんは，すでにアルバイト時代から，後輩と一緒に「これ効率悪いよね」など意見し合っては，店長に改善を提案してきた。それに対し店長から，「わかった，アルバイトで決めていいよ」といってもらえたのがうれしく，後輩と「こうしよう，ああしよう」，「なんで失敗だったんだろう」など，いろいろ考えては，仕事のやり方を変えていった。

　「とてもいい店長に当たったと思っています」とBさん。こうした仕事ぶりは生協側からも評価され，アルバイト職員からパート職員に登用。仕事の任され方も変わっていった。

　「アルバイト時代は，そうはいってもお手伝い的な仕事でした。ところがパートになり，ある部門のリーダーを任されて，戸惑いました。すべて自分で段取りを組まなくてはならないのに，当時は正規職員がどんどん減らされていて，

引き継ぎも教育も不十分なまま，バトンタッチ。右も左もわからないとはこのことです。横目で見ていた前任者のやり方を思い出し，なんとか頑張っているところに，過去にその部門を経験したことがある店長が赴任してきたので，すがる思いで売り場づくりの基礎から，数値管理まで教えてもらいました」

　しかし，そんな仕事の与えられ方も，Ｂさんには合っていた。「子どものころから，『なぜこういう考え方をするんだろう』など疑問に思っては人に聞いていた」というＢさんにとって，一つひとつ疑問を解決しながら進められる仕事は，純粋に楽しかった，と振り返る。

　こうしてＢさんは，パートリーダーからさらに嘱託職員に登用され，バイヤーとして複数店舗を見るようになる。一方，立場が変わり，視点が高くなったことにより，生協のやり方に矛盾も感じるようにもなっていった。それは，「パート職員主体で店を運営しようとしているのに，パート職員への教育が，まったく不十分」であることだ。現物のケアを伴わない人事戦略の転換が，パートリーダーを孤立させ，やる気を失わせている。そうして全体のコミュニケーションが不足することが，人間関係や退職などすべての問題の根幹だと，Ｂさんは考えている。

　「一方で，仕事の裁量を現場に残すこともとても大事だと思います。例えば陳列を本部の指示で行えば，現場は楽で作業も速く進むでしょうが『売り場を自分で創りたい』パート職員の意欲をそいでしまいます。実際，1,500円もするような味噌が売れていく店では，高額なこだわり商品を少量ずつ多品種売り場に置くと商品が動きます。こうした近隣住民の生活レベルまで反映させた，きめ細やかな作業指示は，本部主導ではできません」

　つまり，正しいやり方と，そのための考え方。両方をきちんと教えたうえで，細部は現場に工夫させていくことが，職場の生産性を向上させると考える。

　「加えて，上の人が『伝える力』を上げていくことが大事なんじゃないかな，と。これは，尊敬する大先輩から教わったことですが」

　そんなＢさんには，実は毎年，正規職員登用の誘いがある。しかし，毎年これを断っている。

　「それだけ正規職員を薦めてくれるなら，無試験で僕を登用すればいいじゃないですか。20年近く僕の仕事を見てきた人の判断より，試験を重視する意

味がわかりません。そして，僕はいろんな仕事がしたいんです。正規職員になってしまったら，副業できません」

　入職して17年。本質を大事に，自分で判断し選択したい気持ちは変わらない。

②上司・環境型
〜上司による直接的な育成や，成長できる環境に動機づけられるタイプ〜

〈事例3〉　部門横断・パート主導で店を活性化〜店長のおかげで私は育った〜
　　　　　　　　　　　　　　　パートリーダー　Cさん　40代　女性

　「気づいたら10年経っていました。以前にも他社でパート勤務はしていましたが，勤続10年は最長です」と話すCさんは，ある部門のパート職員として働き始め，6年前からその部門のリーダーを務めている。

　「リーダーになって，仕事のやり方を改めました。当時の店長に，はっとするような気づきをもらったのがきっかけです。それまでの私は，新人さんに対し，自分の入職時と比較して『なんであなたはできないの』と，厳しく叱っていました。ところがある日，当時の店長にこう，言われたんです。『50メートル走を〇秒で走れと命令されて，どう頑張ってもその早さでは走れない人はいる。そんな人に，『絶対に〇秒で走れ』と言ったらどうなるか。おまえがやっていることは，これと同じじゃないか……って。ぎょっとしました。実際，私のやり方についてこられなくて，退職してしまう人も多かったんです。ああ，私のやり方ではダメなんだと強く思いました」

　Cさんに深い気づきを与えたその店長は，パート職員全体に対する指示の出し方も秀逸だったと，Cさんは振り返る。具体的には「目的と目標に加え，そこに到達するための簡単なアイデアだけを示し，『あとは任せるから，自分たちでやってみなさい』と，おおらかに仕事を振って」くれる。そんなとき，Cさんたちパート職員はいつも，まずはパートリーダーで集まって考えた。その後，その結果を各部門のリーダーから一般パート職員たちに，共有する。こうやって，皆の理解を得たなかで，各部門が協力し，店舗全体で実行し，確実に売上げにつなげていったという。

　「『これを絶対売り切ろうね』『売るためには，どうしたらいいのかね』って。料理見本をつくってみたり，試食品をつくって食べてもらったり。そうやって販売の工夫を行い，1日が終わったときに『今日は何個売れたね』『じゃあ残ったのは，どうする？』って言って，またみんなで考えて。それがちゃんと目標通りに売れたとか。こうした試行錯誤を部門横断で，例えば畜産リーダーと農産リーダーが発注から一緒に考えていくことで，いろんな提案がお客さまにできるようになります。部門内だけでなく，部門をまたいだ協力ができるのは本当に楽しくて。皆で喜び合えたので，やりがいがありました」

　そうした自主的な協働を繰り返すうちにCさんは，「他者や他部門の協力を得るには，まずは『自分の想い』をしっかり共有すること」という，成功の秘訣も体得した。指示しても，理解し共感されなければ，人は動いてくれはしない。

　加えて，店舗横断の「成功事例発表会」に参加できたことも大きかった。「自店舗にはここが足りない」「まだまだできることはある」などと刺激を受け，また，さまざまなアイデアを持ち帰っては実行した。

　ところが，店長が異動となり，仕事の進め方が一変する。

　「新店長は，すべて職員で考えて，私たちパートには決定事項を降ろしてくるだけなんです。まるで『パートは言われたことだけしておけばいい』と言われている感じがして，気持ちがなえました」とCさん。しかし，いまでは考え方を変えている。

　「こんな状況でも，メンバーが『自ら考えよう』と思える環境を，自分ができる範囲ではありますが，つくるようにしています。これがリーダーの役目かなと思って……。だからいつも，率先垂範しています。『Cさんがやっているから，私もやってみようかな』って思う人が1人でも出てきたら，と思うんです」

　店長の異動で一度は凹んだCさんの気持ちを，そう変えたのは「店をよくしたい」と思う心，一つである。

　「店長は異動で変わります。その力量やマネジメントの仕方によって，否応なくお店は変化します。でも，それは違うと思うんです。そうではなく，どんな店長が来ても店を繁盛させ，黒字にしたい。それには，異動のないパートが

力をつけるしかありません。さらにパートがパートに影響力を持つためには，自分自身がパート仲間に受け入れてもらえないとダメなので，パート仲間に『私の言い方に問題なかった？』など，日頃から確認するようにもしています」

　そんななか，また店長の異動があったという。

　「新店長は絶対黒字にしよう，と宣言してくれます。これは本当にやる気になる。しかも，私たちパートに『これはどうすればいいと思いますか』など意見を聞いてくれるので，ついていこうかなって思います」

〈事例4〉　仕事の全体像が見えやりがいに～上司の信頼に気持ちが動く～

パートリーダー　Dさん　50代　女性

　Dさんは，結婚退職のあと10年のブランクを経て，4時間勤務の短時間パート職員として生協に入職した。その後7時間勤務になり，店舗内の他部門への異動を経て，入社6年目からいまの部門のリーダーを務めている。自分以外のパート職員は，皆，午前中のみの4時間勤務。Dさんは，午後からは一人で売り場全体を見ながら追加の品出しをしたり，自分含め7名のシフトの作成や，提出書類などの事務仕事をしている。

　仕事は好きだし，やりがいもある。とはいえ，順風満帆だったわけではない。リーダーに登用されたときは，先輩パートから「いろいろ言われた」り，Dさんの指示をまったくきかない新人パートがいて上司との板挟みになるなど，苦しんだ。

　「ベテランの方々は，私にとっては『年上の部下』です。しかも経験も長いので，彼女たちの上に立つことは，本当に荷が重かったです。だから，リーダー登用の打診があっても，断り続けていました。だって，これまでは仲間と同じ立場だったのに，ある日突然，自分だけリーダーになるなんて。即答できるわけがありません」とDさん。

　それでも最終的には引き受けた。なぜか。

　「当時の店長の存在が大きかったです。店長には，ただただ『あなたなら大丈夫』と言われ続けました。しかもその店長は，途中でご自身の異動が決まり，うちの店舗からいなくなることになったんです。それでもなお『自分がフォローするから』とおっしゃって。これには，『え，店長はうちのお店からいなく

なっちゃうじゃないですか！』と応戦しましたが……なんでしょう，次第に『そこまでいってもらえるんだったら頑張ってみようかな』って思うようになったんです」

逡巡を経て，リーダーになったDさん。責任の度合が一般パートとはまったく違い，リーダーとして働き始めたことで，仕事をするうえでの意識が大きく変わった，と振り返る。

「リーダーになってよかったのは，全体的な視点に立てたことです。会議に出たり，他部門と連携したり。あるいは，人手が足りないときに，チェッカーを手伝ったり，恵方巻の時期など惣菜を手伝うなどするなかで，『あ，これはうちの部門でも生かせそう』と思って他部門のやり方を取り入れたり。逆に，自部門のミスが他部門にどう影響していくのかがわかって気を引き締めたり……私自身，生活のために働いていることは変わらないのですが，人に接することが好きなこともあって，リーダーとしての仕事は自分に合っていると思いました」

そんな過去を振り返りながらDさんは，年上のベテランパートにも感謝をする。理由は，「組合員さん第一」という，判断の軸を育ててもらったことにある。「いまでは私も，組合員さんにご迷惑がかかることに関しては，パート仲間にも厳しく注意できる」と言う。

一方，かつての店長が異動し，新たな店長を迎えたことで生じている「正規職員とパート職員の壁」は，取り払えていないとDさんは言う。責任ある仕事をしていても，パート職員の声が本部方針に取り入れられる機会は，極めて少ないと感じているからだ。実際，いまの店長は，主婦パートたちの「これが売れそう」など，現場の感覚を聞こうとしない。

さらに，壁を感じる理由は，もう一つある。それは，「スキルと能力のあるパートには，正規職員並の責任がのしかかる」一方，「賞与など処遇には大きな差がある」ことである。

Dさんの胸の内には，これを理不尽に思う感情が，重く溜まっている。

③周囲からの応援型
～仲間・組合員・家族からの応援に動機づけられるタイプ～

〈事例5〉　辛くても楽しく働ける職場に～母子家庭での子育てから介護まで～
パートリーダー　Ｅさん　50代　女性

　入職して 30 年。年齢的に嘱託職員への移行も近いＥさんは，一人で子育てをしながら，7 時間パートとして，生協で頑張ってきた。そんなＥさんをずっと助けてくれていた母は 15 年前に他界。その後娘も結婚し，やっと楽になったと思った矢先に，今度は父親の介護問題が降りかかる。

　「デイサービスでも利用してくれればよいのですが，絶対に嫌だと言い張ります。なので，私が辞めて介護しなくてはいけないのか？　と，葛藤しています。半面，私の生活はいまのパート収入にかかっており，この年齢では再就職も難しいでしょうから，簡単には辞められません」

　そんなＥさんの仕事は，主に品出しと発注，そしてシフトの調整だ。メンバーは 7 人いるが，それぞれ休みの希望がある。それを尊重するのもリーダーの役割と考えるため，Ｅさん自身は「前年から持ち越している休み」すらとれていない。

　「いまは募集広告に『好きなときに休めます』と記しているので，皆さん普通に休みますし，シフトの希望をおっしゃいます。一方，私たちが若かったときは，『子どもを見捨てるような気持ちで』『生活のために働く』感覚が普通でした。私自身も子どもが遊び盛りのころなど，自分が見ていないときに，あちこちにある用水路にもし落ちたら……などと思うと心配で心配で。胸がつぶれるようだったことが，何より辛かったです」

　それでも続けてきたのは，収入を確保する必要があったこと。さらに加えて，働く仲間がいい人ぞろいだったことがある。辛いことも，大変なことも，「皆がお互いに励まし合ってきた」から，いまがある，と考える。

　「引き受けたところで苦労が増えるだけ」と思えるリーダーになったのも，自分が担うことで仲間が楽になるならば，と思ったから。半面，せっかく引き受けたからには，「誰もが楽しく働ける職場にしたい」と，強く願ってきた。

　「職場を楽しくすることで，私たちが笑顔でお客さまと接することができれ

ば，お客さまも楽しいと思います。そうすれば私たちもさらに楽しいし，お客さまからたくさん情報をいただけます。その，いただいた情報を，『こうしたら美味しかったんですって』などと他のお客さまに提供すれば，そのお客さまもさらに足を運んでくれるんじゃないかと思います」

　そう話すEさんが，皆が楽しく働けるうえで，もう一つ気をつけていることがある。それは，一人ひとりの個性や特性が，仕事で発揮されることである。「パートさんの中にも，発表が上手な人，書くのが上手な人とか，それぞれ得意なことがあるんです。なので，できるだけそこが生きるように相手を選んで，『これをお願い』とか『これこれして』っていうと，やっぱり楽しそうにやってくれるんですよね。といって誰か一人に仕事が偏ってもだめなので，『○さんの次は，あなたがこれをやってみてね』『順番よ！』とか。『えーっ』って言われることもあるけど，新しいことができるようになれば，皆，やっぱりうれしいんです。リーダーとして，仲間にはそんな楽しさを提供したい，って心から思っています」

　ところが，だ。

　「実は新しい店長が異動してきて……その方は『仕事は楽しくするものではない』というんです」

　新たな店長から，代わりに強く打ち出されたのが，数値目標だ。「昼休憩もとれていないのにミーティングはやたら長く，それでいて売上は上げろ，在庫は減らせ，欠品はさせるな。でも，早く帰れ，残業はするな，サービス残業もダメだ，と言われても……」とEさん。しかも，店長から提示される売上アップの手段や方向性は，楽しさやうれしさの好循環をつくろうとする，自分の考えと真逆である。

　「当初は気持ちが塞ぎました。が，いまでは，無理にでも気持ちを『アゲル』ようにしています。でないと，仲間が楽しくなくなってしまいますから……」

　加えて，Eさんの心を支えているものがある。組合員からのエールの声だ。

　「『頑張ってね。あなたがいるから来てるのよ』とか『長く勤めている方がいるお店は，信用してるのよ』って言われると，自分の存在がお店の信用につながっているようでうれしくて。だから，頑張ろうって，思うんです」

〈事例6〉　パートへの不本意な転換〜仲間と家族がいたから乗り越えられた〜

パートリーダー　Ｆさん　50代　女性

　生協に正規職員として約25年務めてきたＦさんが，パート職員に転換したのは10年前。転換は，Ｆさんの希望ではない。

　「正規職員の人員削減が必要になったとき，上司に呼ばれ，『パート職員になりますか，それとも退職しますか？』と，迫られました。そのとき呼び出されたのは，女性だけです。理由は『男性は家計を支える大黒柱だから』でした。女性にだって生活があるのに，と思いましたが，『正規職員のままだと，転勤で〇〇市（のような遠方）に行けと言われても，断れないんだよ』と言われたりして……明らかなリストラだったと思います」

　仕事を辞めたくないＦさんは，パート職員への転換を断れなかった。結局，Ｆさんは，正規職員時代と同じ店舗で，同じ仕事のまま，パート職員に転換しリーダーになった。

　「パート職員になってでも残ることに決めたのは，お店には仲間もいっぱいいるし，長年勤めているので勤務の融通もきくと思ったからです。ですが，フタをあけてみれば，同じ仕事，同じ拘束のなか，単に賃金が安くなっただけ。しかも正規職員時代には許された残業もできなくなりました。当然，仕事は時間内に終わりません。なので，シフトの作成などやりきれなかった仕事は，ほぼ毎日家に持ち帰ってこなしています。最近は，親の病院の付き添いなども増えてきて，だんだん体力的にもきつくなったと感じています。でも上司には何も言えなくて。理不尽さはすごく強く感じています」

　実は正規職員時代にも，本部の事務職から，店舗のレジ部門へ，「ワーク・ライフ・バランスのとりづらい」異動を経験したＦさん。

　「そのときは，ちょうど夫が，数か月間も家を不在にするタイミングで。それでも頑張れたのは，義母を亡くした後，一人残った義父が『大丈夫だよ』と慰めてくれたり，一緒に働いていた仲間が心配して家まで来てくれたり，電話をくれたり。本当にありがたかったです」

　このときの経験から，Ｆさんにとって仲間は，「生きていくうえで本当に大事な財産」となっている。正規職員からパート職員へ，理不尽な異動があっても，心を強く持っていられるのは，仲間の存在があるからだ。

Ｆさんは話す。

「そうした仲間の広がりや，付き合いの深まりにおいて，店長のマネジメントの影響は大きかったです。例えばある店長は，近隣店舗のレジリーダーを集めた月イチの会議を行って，『レジとして売上げアップにどう関わっていくか』などをテーマに，店舗横断で話し合ったり，考えさせてくれました。これに参加すると，気持ちがシュッとなるんです。仕事に対する意識が相当変わりました」

ほかにも，店長の的確な指示や，店長を軸とした店舗内の協力体制により，店舗の売上げが伸びたときも，働く意欲が高まった。「その店長が異動して行ってしまったときはつらかったですね」と明かす。

そんなＦさんにとって，単に「優しい」今の店長は微妙に映る。「さあ，やるぞ！　とか，『俺が右と判断したら右なんだ！』など，グイっと引っ張る感じがないと，士気が上がらないだけでなく，実際に物事が決まらないんです」

一方で「優しい」マネジメントを受け続けたことにより，当初抱いていたマイナスの気持ちは和らいでいる。

「なんでも聴いてくれるから，意見が言いやすいのは確かです。店長に『これやってください』と依頼すればそのままやってくれるので，私も楽だし，体力的にも健康でいられます。逆に『やりたい』と言えばやらせてくれるし……なので，これもマネジメントスタイルの一つであり，彼のいいところかも，と，いまは思っています。私たちパートリーダーは，上司のマネジメントスタイルをむしろ利用して，仲間同士が協力し，やりがいのある職場を作っていったらいいのかな，って」

やりがいと働きやすさ。相反することもあるこの2つを上手に両立させることにより，Ｆさん自身が何度も救ってもらってきた「仲間」との助け合いを，これからも維持し向上させていきたいと思っている。

④自己実現・目覚め型
〜自分に新たな可能性を見出すことで，動機づけられるタイプ〜

〈事例7〉　レジ検定トップ合格で未来に開眼〜新卒時トラウマを乗り越える〜
　　　　　　　　　　　　　　　　　　　パート　Gさん　30代　女性

　Gさんがパートで入職したのは約12年前。22歳のときだった。

　「高卒で入社した会社で人間不信になり，2年で辞めました。その会社では，10歳年上の先輩と一緒に働くことになったのですが，私に仕事を教えてくれないんです。なのに，突然お客さまの前に出されて，『自分でやってみろ』と言われたり。もちろん，一人では何もできませんから，失敗します。すると今度は，その失敗をお客さまの前で非難されたり，指摘されたり。いま思い出しても，本当に辛かったです」

　これがトラウマとなってしまったGさん。その会社を辞めてからも，すぐには就職活動ができなかった。それでも，退職後1年半が経ち，気持ちが少しずつ変わってきた。そこで，「絶対に前の会社の人と会わなさそうな」立地や業種を条件に転職先を探し，入職したのが生協だ。

　「入ってみて，前職とは全然違うと思いました。年齢の違うパートさんたちが，『どこから来てるの？』など気にかけてくれたり，質問したことにちゃんと答えてくれたり，休憩のときに話しができたり……そんなことの一つひとつが本当にうれしかったです」

　そんなGさんの仕事への向き合い方が変わったのは，4時間勤務から6時間勤務に変わってからだ。

　「休憩を含め1日7時間，朝から夕方まで職場にいることになりました。すると，店内全体の仕事やお客さまの流れが，俄然，見えるようになったんです。そうなると，上司から依頼される仕事の内容や量も変わってきて，責任感が各段に強くなりました」

　そのころ，店長が異動で変わったのも大きかった。というのも，新人パート職員の採用を，リーダーでもない一般パートのGさんに，任せてくれるようになったのだ。結果，先輩パートに「すぐ休むから」という理由で禁じられていた，「小さな子どものいるお母さん」の採用を，自分の判断でできるようにな

る。

「小さな子どもがいるというだけの理由で，採用しないって，ありえないと思っていました。そんなことより，仕事に対する意欲とか思いとか，経験とか，そういったことで，仲間になってもらう人を採用したいと，かねてから思っていたんです」

　そんななか，もう一つ大きな転換点が訪れる。それが「レジ検定」の受験を勧められたことだった。Gさんは頑張った。

「1級が一番良いのですが，私は2級に合格できたんです。うちの生協で2級を持っているのは，正規職員を含めても全店で私だけ。試験を最優先に残業したり，プライベートの時間にも勉強していたので，本当にうれしかったです」

　一方で，合格を機に芽生えている気持ちもある。それは「まったく違う土地に転職し，いまの自分が太刀打ちできるか試してみたい」「何か違う仕事がしてみたい」「違う世界を見てみたい」「できることの幅を広げ，自分の可能性を広げてみたい」という衝動だ。半面，この衝動を抑えているのも，いまの仕事なのだという。

「正確にいえば，いまのお店の仲間です。いまは，仕事に慣れていない方もけっこういらっしゃいます。仮に転職するにも，その方をもっと教育してからでないと，仲間に迷惑をかけると思うんです。私も自分の先輩が突然辞めてしまったとき『もっと聞いておけばよかった』と思いましたから……」

　逆に正規職員には「もっとパートに注意もしてほしい」と考える。より良い店にしていきたい。でもそれは，単に「仲良く仕事をする」だけでは実現しないことを，Gさんは体感している。

　一方で「いっそ正規職員になりたい気持ちは？」という質問には，口を濁す。理由はクレーム対応だ。店長が組合員から理不尽なことをいわれ，一所懸命対応している姿が「辛そう」過ぎ，「自分にはとてもできない」と考えている。

〈事例8〉　期待に応え「新たな自分」を発見〜経験の幅を広げて見えた可能性〜
　　　　　　　　　　　　　　　　　　　　　　パート　Hさん　30代　男性

　Hさんは，生協に入職して3年になる。契約は1日6時間。しかし，日常的に残業もしている。「全体的に人手不足ななか，主婦パートさんは残業ができ

ないので，自然と独身男性の僕が残ることになるんです」。長時間残業の日が続くと，家に帰るなり倒れるように眠ってしまう。

　それでもHさんの口からは，不満めいたものは聞かれない。話されるのは，むしろ感謝だ。

　「私は大学卒業後，ずっと製造系の派遣社員として働いていました。どの職場もとてもよくしてくださるのですが，派遣期間はいずれ満了します。つまり，仲良くなっては離れる経験を重ね，私自身が寂しく感じてきました」

　そうした経験を経て入職した生協は，初めての直接雇用。一つの勤務先で3年働いているのも，人生で最長という。

　「なんていうか，すごく温かい感じです。ともに働くパートの皆さんが，H君，H君，って声をかけてくださって。誰もが親身に仕事を教えてくれるので，その分さらに，頑張らないといけないなって思います。そのことがモチベーションになっているから，働き続けられているんだと思います」

　単に声をかけてくれるだけではない。自分の「新たな可能性」を引き出してくれているのも，パート職員たちなのだとHさんは言う。

　「例えば，節分のときなど，僕が鬼の格好をしてイベントに出たりするんです。そんな経験は初めてで……本心をいえば，鬼の真似などやりたくもないのですが，実際に引き受けてみて，仲間の皆さんから『良かったわよ!!』と言ってもらったり，ご来場者の歓声を浴びると，もっと期待に応えたい，と思います。何より，自分の可能性の幅が広がったように感じて，それが大きな喜びになっています」

　加えて，Hさんには，さらに一人，ものすごく大きな存在があるという。それは，長い職場経験を持つ男性の先輩だ。

　「彼の何が素晴らしいって，まずは仕事そのものです。複数の仕事を同時並行で進めたり，常に生産性を考えて行動していたり，すごいです。加えて『一人で作業すると効率が悪くなる仕事もあり，そんなときは人に頼んででも一緒にやってもらったほうが効率よく仕事が循環する』など，自分には思いつかないことを教えてくれます。そんな風なので，パート職員から今では嘱託職員に登用されています。立場が変わったわけですが，それでも変わらぬ態度で，僕の面倒を見てくれています」

その先輩は「仕事だけでなく，人生とは？　までも教えてくれている」とH
さんは感じている。勤務後や休日に，プライベートで食事をすることもしばし
ばだ。「先輩のおかげで，自分の考え方は大きく変わった」とHさん。同時に，
自分を承認し励ますことで，いまの自分の土台をつくってくれたパート仲間に
も，感謝している。

　では，正規職員はどうか？

　「正規職員の方は，大まかな方向を定める役割なんだと思います」とHさん。
しかし，その正規職員に，Hさん自身はなりたくない。理由は，責任が重く
「大変そう」だからだ。収入増や雇用の安定は魅力だが，今はまだ正規職員登
用の道に踏み出すつもりはない，と，話してくれた。

〈事例9〉　リーダーを務めてわかった働く喜び〜肩書きはないままに〜

パート　Iさん　40代　女性

　高校卒業後，肉のパック詰め工場でアルバイト。その後，事務職に就いたこ
ともあったが，口頭での指示や電話応対を瞬時にこなすことが難しく，生協関
連の食肉加工センターに転職した。

　その後，生協店舗の精肉部門に移ることとなり，以来7時間パート職員とし
て働いているIさん。いっとき，1年半ほど，自らがリーダーシップをとって
精肉部門を回していたことがあった。

　「精肉部門に異動してすぐは，精肉担当のパートリーダーがいたんです。と
ころがその人が辞めてしまい，なんとなく私がリーダーを務めることになりま
した。最初は，どうしたらいいのかわからなかったし，不安に押しつぶされそ
うでした。でも，リーダーをやってみて，まったく違う仕事の楽しさにも気づ
けたんです」とIさん。

　具体的には，「ともかくいろいろなことがわかる」こと。

　「肉は，塊のまま店に来るので，スジや脂を外すなど整形します。それを，
スライスしたり，ステーキ用や，ひき肉などに加工し売っていくのですが，計
画どおりにはいきません。なので『今日はこっちをメインに売ってみよう』と
か，何とかして売り切り，利益を出す方法を考え，加工の指示をしていくので
す。私は，10年以上もいちパート職員として働いてきましたが，そのときには

作業の裏にこうした工夫があることは，まったくわかりませんでした。もちろん，自ら考え指示していくのは大変で，1年目は，発注をして指示をして，入荷した肉をともかく加工するだけで精一杯。家に帰ってからも在庫が気になり，売り切るためには？　のシミュレーションをしてしまうので，気持ちが休まりませんでした。しかし，そうした仕事も2年目になり，慣れてきて，ようやく効率的に販売していけるようになったと思います」

　そんな矢先，精肉部門に，新たに正規職員がリーダーとして赴任してきた。これにより，Ⅰさんの仕事は，「上司に指示されたことをやる」ことに，戻ることになったのだ。

　このことを聞いて，実はほっとした側面もある。人に指示したり声をかけるとき，相手の気分を害していないかとても気になるⅠさんにとって，リーダーとして「指示」することに抵抗があった。実際「リーダーの仕事を担いながらも，正式にはならなかった」理由には，「リーダーにならず，仲間と賃金が同じであれば，何かあっても責められることもない」との思いが明確にあった。

　一方，一般パート職員の仕事に戻り，「これでいいのか？」という葛藤もある。自分がリーダーを担う前，自分の上司だったパートリーダーは，自分の考えを話してくれたり，意見を聞いてくれることもあった。ところが，いまの正規職員にその姿勢はない。それでもⅠさんは，「畜産部門は正規職員にリーダーをさせる，と上の人が判断しているのだから」と，自分を納得させている。

　実は，リーダーから外れ，他の人間関係のこともあり，転職も考えたⅠさん。踏みとどまった理由もまた，人間関係だ。

　「パート仲間が引き留めてくださったり，『あなたのこういうところを変えたほうがいいよ』と真剣に注意してくれて。そのとおりだ，と思ったら気が楽になりました」

　リーダーの役割は外れたが，いまも「どうやったらみんなが働きやすくできるのかな，とか」，日々考えている。

4.　まとめ――これからのキャリアパート職員育成の方向性

　「キャリアパート職員である」とは，パート職員が「自生協で働き続け」「リ

ーダーという役割を担い」「その責任をまっとうしている」状態である。しかも，前述したようにパート職員には，「キャリアパート職員」に育成しづらい背景がある。

　そうしたなかでも，実際にキャリアパート職員として働いている人たちがいる。その，モチベーションは，いったい何によって生じ，また，維持・向上されているのか？

　前述のとおり，当事者 12 人の肉声の分析から，主として 3 つの要因があると考えた。具体的には「1. 自ら考えて仕事ができる」「2. 上司や会社による直接的な教育・育成」「3. 仲間や家族からの応援」の 3 つである。さらに，若手のパート職員が，パートリーダー登用の目前まで成長してきた要因として「4. 自分自身の新たな可能性の発見」があり，これらの 4 分類で，肉声を事例として紹介した。

　一方で，彼ら彼女たちのモチベーションは，4 つのうちの一つだけで規定されているわけではない。実際，個別のインタビューからは，他にも多彩な要因が，複雑にからみあっていることが見て取れた。そこで，複雑な要因を，さらにいくつかの視点で整理したのが，表 8.2 である。

　このうち「理念統合経営」「職場管理職の育成」「ワーク・ライフ・バランス支援」の 3 つは，本書の序章で，「ダイバーシティ経営成功の 3 要素」としてあげられているものである。具体的には，「理念統合経営」は第 3 章，第 4 章において，「ワーク・ライフ・バランス支援」は第 2 章，第 5 章において，"正規職員における"重要性が明らかにされている。逆にいえば，パート職員においては，重要性が低いことになる。

　実際，理念統合経営の結果，つまり「理念への共感」が，キャリアパート職員に対するインタビューにおいて，語られることはなかった。また，「ワーク・ライフ・バランス支援」がモチベーションにつながっていると語る人も，ごく少数にとどまった。これは，パート職員の働き方が，そもそも「ワーク・ライフ・バランス」を前提とした働き方であることによる。それどころか，リーダーに登用され，責任が増すことによって，むしろ自分の「ワーク・ライフ・バランス」が犠牲になっている。実際「メンバーの休みを優先させる」ため，自分は休みをとれていないと話す人も複数いた。

表8.2 キャリアパート職員のモチベーションを規定する要因

対象者	ダイバーシティ経営成功の3要素		キャリアパート職員のモチベーションを規定する主要因					その他の重要要因	
モチベーションを規定する要因	理念統合経営（理念への共感）	ワーク・ライフ・バランス支援	職場管理職のマネジメント	自ら考えて仕事ができる	上司や会社による直接的な教育・育成	仲間や家族からの応援	自分自身の新たな可能性の発見	仲間との協働	店舗へのロイヤリティ
Aさん 女性 50代			○	◎				○	
Bさん 男性 30代			○					○	
Cさん 女性 40代			○		◎			○	
Dさん 女性 50代		○	○		◎			○	
Eさん 女性 50代			○		○	◎	○	○	○
Fさん 女性 50代			○		○	○	○	○	○
Gさん 女性 30代			○			○	◎	○	
Hさん 男性 30代			○			○	◎	○	○
Iさん 女性 40代			○				◎	○	
Jさん 女性 40代		○	○					○	
Kさん 女性 50代			○	○	○			○	○
Lさん 女性 20代			○	○				○	

（注）◎＝特に大きかった要因　○＝インタビューで語られた要因。

　一方，「職場管理職の育成」の結果としての，職場管理職のマネジメントに関しては，キャリアパート職員のモチベーションに与える影響が大きく，それは主に「自ら考えて仕事ができる」環境の提供，つまり裁量性の有無と，「上司や会社による直接的な教育・育成」つまり成長への支援という，2方向において表れていた。

　ほかに，多くのキャリアパート職員から語られたのは，「仲間との協働」である。仲間を大事にすることは，第7章でも語られていた。さらに，「いいお店にしたい」など店舗自体へのロイヤリティに動機づけられているという声も多かった。

　冒頭で記したように，キャリアパート職員の育成は，各生協における今後の命題だと考える。それにあたり，「職場管理職の育成」が，主にパート職員本人の裁量性の発揮と，実際の育成支援の両方において，極めて重要であることが本調査によって明らかになった。

　一方，正規職員のモチベーションは高めているのに，パート職員のそれには影響していない「理念への共感」「ワーク・ライフ・バランス支援」は，今後キャリアパート職員を育成するにあたって，大きな可能性を秘めたポイントだと考えられる。実際，シフト管理のコツをつかみ，パート職員の協力を上手に得ることで，「趣味であるママさんバレーの練習や試合に出る時間を確保できるようになった」と語るパート職員もおり，彼女は仲間とのコミュニケーションがはかられていることもあって，高いモチベーションを維持していた。

　キャリアパート職員を育成するための，職場管理職の育成において，「自ら考えて仕事ができる」環境の提供及び「上司や会社による直接的な教育・育成」という前述した2方向に加え，さらに「理念への共感」「ワーク・ライフ・バランス支援」も高められたなら，生協におけるダイバーシティ経営は，さらに成果を出していけるのではないだろうか。

付録　本書で使用する調査データの概要

1. 本書で使用する調査データについて

　本書では，生協総合研究所「ワーク・ライフ・バランス研究会」が実施した調査データを使用している。この研究会は，2017年4月〜2019年3月に設置され，生協で働く職員の働き方の現状と課題を明らかにし，仕事と家庭を両立できる職場をつくるための具体策を検討することを目的としたものである。研究会では，生協職員を対象としたアンケート調査とインタビュー調査を実施し，本書はそれらの調査データの分析結果をまとめたものである。

　ここで，本書で対象とする「生協」について整理しておきたい。生協は，食品や日用品，衣類などの購買事業や，共済事業，福祉事業など広範な事業を行う組織であり，2018年現在で全国に571生協が存在する。そのうち，購買事業を行う地域生協は125生協である。本書で対象とする生協とは，この地域生協を指す。地域生協は，店舗型と宅配型の購買事業を主として展開しており，店舗型と宅配型の両事業を展開している生協と，いずれかのみ展開している生協がある。

　なお本書では，地域生協を「生協」という呼称で統一している。また，生協の詳細については，本書第1章に詳しくまとめている。

2. 『生協職員の仕事と生活に関するアンケート調査』の概要

　『生協職員の仕事と生活に関するアンケート調査』（以下，本調査）は，2018年10月〜11月に実施した。本調査の調査対象者は，3つの生協の店舗事業と宅配事業で働く全職員（事業委託の職員は除き，直雇用の職員に限定）である。両事業の統括やマネジメントを行う本部勤務の職員は対象としていない。

　調査方法は，事業所の事業所長が職員に配布し，記入後に事業所長が回収して返送するという留置記入依頼法で実施した。事業所数は3つの生協あわせて，店舗51ヵ所，宅配事業所41ヵ所である。調査対象者の就業形態は，正規職員，パート職員，アルバイト職員である。アルバイト職員は学生を除き，社会人に限定した。

　表1には，生協ごとの送付数と有効回答数を示した。送付数については，学生アルバイトを含む職員総人数分を送付した。その理由は，アルバイト職員の採用は事業所単位で行われることが多く，生協の人事部では各事業所のアルバイト数は把握しているものの，そのアルバイトが学生かどうかについて把握しきれていないためである。

表 1　送付数と有効回答数

生協名	送付数	有効回答数
全体	6,527 枚	5,257 枚
生協 a	2,476 枚	1,892 枚
生協 b	2,166 枚	1,901 枚
生協 c	1,885 枚	1,464 枚

そのため配布の際に，事業所長が学生アルバイトを除いた職員に配布するという形をとった。さらに調査票には，学生アルバイトは調査対象外である旨を記載した。なお，学生アルバイトの数を把握できた事業所に限定して計算した回収率は 86.6％であり，全体の回収率も同程度だと考えられる。

　調査票の設問項目は，基本属性のほか，給与，労働時間，仕事内容，上司のマネジメント，仕事満足度，家庭内の家事・育児分担，家計管理の方法など，労働環境と家庭環境を包括的に捉えるものとなっている。これらの設問項目は 3 つの生協に共通としたが，設問によっては各生協で用いる呼称が異なっている場合があり，その部分のみ修正している。これらの設問については，集計の際に 3 生協に共通の項目を作成して集計している。

　なお，本調査の調査票の全体と単純集計結果については，下記の URL に詳しく掲載している（研究会の概要については http://ccij.jp/activity/worklifebalance.html，調査票と集計結果については http://ccij.jp/activity/pdf/worklifebalance_output.pdf に掲載）。

3.　調査対象とした生協の人事制度

　ここで，調査対象とした 3 つの生協の人事制度を整理しておく。生協ごとの就業形態の区分について，週あたり所定労働時間，雇用期間の定め，定年年齢，再雇用制度の有無の 4 項目で示したものが表 2 である。本書の分析では，3 生協の職員を，正規職員，パート職員，アルバイト職員の 3 つの区分で統合して分析している。後述のように各生協でそれぞれの就業形態の定義が厳密には一致しないものの，各生協とも正規職員の所定労働時間が最も長く，パート職員，アルバイト職員の順で所定労働時間が短くなる点をふまえ，この 3 つの区分に統合した。

　まず就業形態について，正規職員の中には勤務地，職種，労働時間の限定のない正規職員と，それらを限定した限定型の正規職員が存在する。限定型が何を限定するのかは生協によって異なり，勤務地のみを限定している生協もあれば，すべてを限定す

表2　生協ごとの就業形態の区分

生協名	就業形態		週あたり所定労働時間	雇用期間の定め	定年年齢	再雇用制度
生協 a	正規	非限定型	37.5 時間	無期	65 歳	なし
		限定型（勤務地，職種）	37.5 時間	無期	65 歳	なし
		障害者・シニア	22.5 時間あるいは 30 時間	無期	65 歳	なし
	パート		12 時間以上35 時間以下	無期【注3】	65 歳	なし
	アルバイト		12 時間以下	無期【注3】	70 歳	なし
生協 b	正規	非限定型	38.75 時間	無期	70 歳	なし
		限定型（勤務地）	38.75 時間	無期	70 歳	なし
	パート		15 時間以上35 時間未満	無期	70 歳	なし
	アルバイト【注1】		15 時間未満	有期（1 年）	70 歳	なし
生協 c	正規	非限定型	38.75 時間	無期【注4】	60 歳	あり（70 歳まで）
		限定型（勤務地，職種，労働時間）	37.5 時間	有期（1 年）	60 歳	あり（70 歳まで）
	パート【注2】		16 時間以上37.5 時間以下	有期（1 年）	60 歳	あり（70 歳まで）
	アルバイト		15 時間以下	有期（1 年）	70 歳	なし

【注1】　アルバイトの一部に，障害者を雇用している。
【注2】　パートの一部に，障害者を雇用している。
【注3】　無期雇用へと移行中であるため，一部，有期雇用が存在する。
【注4】　再雇用者は有期契約となる。

る生協もある。

　次に，就業形態別の週あたりの所定労働時間については，いずれの生協でも正規職員の所定労働時間が最も長く，パート職員，アルバイト職員の順で所定労働時間が短くなる。生協ごとに見ると，同じ就業形態であっても生協によって所定労働時間が異なっており，例えば，正規職員で週当たり 37.5 時間の生協もあれば 38.75 時間の生協

もある。

　雇用期間の定めについては，非限定型の正規職員はいずれの生協でも無期雇用であるが，それ以外の就業形態の職員の場合，有期か無期かは生協によって異なる。例えば，生協 a ではパート職員とアルバイト職員のいずれも無期雇用であるが，生協 b ではパート職員は無期雇用，アルバイト職員は有期雇用であり，生協 c ではパート職員とアルバイト職員のいずれも有期雇用である。ただし，これら有期雇用の職員は勤続 6 年以上で無期雇用へと転換する。

　定年年齢については，生協によって 60 歳，65 歳，70 歳と異なっている。定年後再雇用制度については，生協 c では制度を設けているが，生協 a と b では制度を廃止して定年年齢を引き上げている。

　なお表 2 は，調査対象とした 3 つの生協の人事制度をまとめたものであるが，定年年齢の延長や，パート・アルバイト職員の無期雇用への転換は，他生協にも共通する傾向である。

本書で分析に使用した
『生協職員の仕事と生活に関するアンケート調査』票の設問一覧

　本書で分析に使用した設問のみ，抜粋して掲載しています（調査票の全体については http://ccij.jp/activity/pdf/worklifebalance_output.pdf に掲載）。
　設問の対象者は，特に断りのない限り，全職員を対象としています。特定の職員を対象とした設問である場合は，各設問の冒頭にその旨を記載しています。
　また，生協ごとに呼称が異なるため選択肢を変えた設問については，集計の際，3生協に共通の項目を作成しており，本書にはそれを掲載しました。

Q1　職業生活，生活の満足度について，項目ごとに該当するものを1つ選んで○をつけてください。

	満足	やや満足	どちらでもない	やや不満	不満
A　職業生活全体	1	2	3	4	5
B　生活全体	1	2	3	4	5

Q2　現在の満足度について，項目ごとに該当するものを1つ選んで○をつけてください。

	満足	やや満足	どちらでもない	やや不満	不満
A　仕事の内容・やりがい	1	2	3	4	5
B　賃金	1	2	3	4	5
C　労働時間・休日等の労働条件	1	2	3	4	5
D　人事評価・処遇のあり方	1	2	3	4	5
E　職場の環境（照明，空調，騒音等）	1	2	3	4	5
F　正規職員との人間関係，コミュニケーション	1	2	3	4	5
G　正規職員以外の労働者との人間関係，コミュニケーション	1	2	3	4	5
H　職場の上司との人間関係	1	2	3	4	5
I　雇用の安定性	1	2	3	4	5

J	福利厚生	1	2	3	4	5
K	教育訓練・能力開発のあり方	1	2	3	4	5
L	組合員・顧客との人間関係	1	2	3	4	5

Q3　あなたが，**A．最後に通った学校を卒業した後の状況**は以下のどれですか。また，**B．学校卒業後～現在までの間で最も長いもの**はどれですか。AとBの回答は同じになっても構いません。

　　1．正社員・正規職員
　　2．契約社員・嘱託
　　3．派遣社員　　　　　　　　　　A　最後に通った学校を卒業した後の状況
　　4．パート
　　5．個人での業務委託　　　　　　B　学校卒業後～現在までの間で最も長いもの
　　6．自営業・家族従業
　　7．その他（　　　　　　　　　　）
　　8．無職（家事手伝い，専業主婦，主夫）

Q4　あなたの前月の給与（税込み）は，残業を含めてどれくらいでしたか。

　　1．支給なし　　　　　　　8．14～16万円未満　　　　15．28～30万円未満
　　2．4万円未満　　　　　　 9．16～18万円未満　　　　16．30～35万円未満
　　3．4～6万円未満　　　　 10．18～20万円未満　　　　17．35～40万円未満
　　4．6～8万円未満　　　　 11．20～22万円未満　　　　18．40～45万円未満
　　5．8～10万円未満　　　　12．22～24万円未満　　　　19．45～50万円未満
　　6．10～12万円未満　　　 13．24～26万円未満　　　　20．50万円以上
　　7．12～14万円未満　　　 14．26～28万円未満

Q6　あなたの普段の始業と終業の時刻はどうなっていますか。24時間法（例：9時15分～17時45分，13時00分～21時00分）でご記入ください。なお，シフト勤務の方は最も代表的なシフト時間をご記入ください。

始業時刻　　　　　時　　　　　分　～　終業時刻　　　　　時　　　　　分

Q7　あなたは，通常，土曜日，日曜日に出勤していますか。

　　1．出勤していない　　　　4．毎週土日のどちらかは出勤
　　2．月に1回程度　　　　　5．毎週土日はほぼ出勤
　　3．月に2～3回程度　　　 6．特に決まっていない

Q9　働く時間を自由に選べるとしたら，あなたは，今よりも労働時間を増やしたいですか，減らしたいですか。

　　1．大幅に増やしたい　　　4．減らしたい
　　2．増やしたい　　　　　　5．大幅に減らしたい
　　3．今のままでよい

Q10　あなたの職場は有給休暇が取得しやすいですか，しにくいですか。
　1．取得しやすい　　　　　　　　4．取得しにくい
　2．どちらかといえば取得しやすい　5．そもそも有給休暇がない
　3．どちらかといえば取得しにくい　6．有給休暇があるかわからない

Q11　あなたは，仕事をする時間とそれ以外の生活時間の「時間配分」に満足していますか。
　1．満足している　　　　　　　　4．どちらかといえば不満である
　2．どちらかといえば満足している　5．不満である
　3．どちらともいえない

Q12　あなたは，勤務先の生協に今後も勤め続けたいと思いますか。
　1．そう思う　　　　　　　　3．どちらかといえばそう思わない
　2．どちらかといえばそう思う　4．そう思わない

Q15　勤務先の生協に関して感じていることについて，それぞれあてはまるもの1つに○をつけてください。

		あてはまる	ややあてはまる	どちらともいえない	ややあてはまらない	あてはまらない
A	この生協の理念や行動指針に共感を覚える	1	2	3	4	5
B	どう行動すれば理念に基づく行動がとれるかを考えることがある	1	2	3	4	5
C	この生協の理念や行動指針の内容をよく知っている	1	2	3	4	5
D	この生協の理念は，仕事上の難局を乗り越えるうえで助けとなる	1	2	3	4	5
E	自分が生協内の会議や打合せで理念に言及したことがある	1	2	3	4	5
F	この生協の理念を新入職員にわかりやすく説明できる	1	2	3	4	5
G	私の価値観に照らすと，生協の理念には受け入れられない部分もある	1	2	3	4	5
H	役職員宛の文書やメールで，理念を引用したり言及したりすることがある	1	2	3	4	5
I	求められれば，生協以外の人に理念をわかりやすく説明できる	1	2	3	4	5
J	この生協の職員であることを誇りに思う	1	2	3	4	5
K	他に勤務できるところがないため，生協をやめることを考えられない	1	2	3	4	5

L	この生協に対し，忠誠心を感じている	1	2	3	4	5
M	この生協で働くことに慣れてしまったので，他では働けない	1	2	3	4	5
N	生活費を稼がなくてはいけないので，この生協をやめることは難しい	1	2	3	4	5
O	この生協に愛着を持っている	1	2	3	4	5

Q16 B　<u>ご自身の直属の上司について</u>，それぞれあてはまるもの1つに○をつけてください。

		あてはまる	ややあてはまる	どちらともいえない	ややあてはまらない	あてはまらない
A	仕事のノウハウを部下に示してくれる	1	2	3	4	5
B	部下の気持ちや立場を大切にしてくれる	1	2	3	4	5
C	部下に生協全体の方針を伝え，その理解を促してくれる	1	2	3	4	5
D	生協内外で得た情報を部下に伝えてくれる	1	2	3	4	5
E	部下の一人一人を成長させるために様々な体験を与えてくれる	1	2	3	4	5
F	なぜこの仕事をやるのかについて部下に説明してくれる	1	2	3	4	5
G	部下が持ち込んだ問題に真剣に対応してくれる	1	2	3	4	5

Q18　あなたがこの生協で働き始めた理由として，それぞれあてはまるもの1つに○をつけてください。

		あてはまる	ややあてはまる	どちらともいえない	ややあてはまらない	あてはまらない
A	納得がいく収入を得られるから	1	2	3	4	5
B	生協の理念や社会目的に共感したから	1	2	3	4	5
C	新しい知識や技術，経験を得られるから	1	2	3	4	5
D	自分の希望する時間や場所で働けるから	1	2	3	4	5

E	職場の人間関係が良さそうだから	1	2	3	4	5
F	地元で働けるから	1	2	3	4	5
G	キャリアアップの機会があるから	1	2	3	4	5
H	社会貢献が出来るから	1	2	3	4	5
I	自分の持つ経験やスキルを活かせるから	1	2	3	4	5
J	民間企業ではなく生協で働きたかったから	1	2	3	4	5

Q19　では実際に，現在の生協で働いてみてどうでしたか。それぞれあてはまるもの1つに○をつけてください。

		あてはまる	ややあてはまる	どちらともいえない	ややあてはまらない	あてはまらない
A	納得がいく収入を得られている	1	2	3	4	5
B	生協の理念や社会目的に共感している	1	2	3	4	5
C	新しい知識や技術，経験を得られている	1	2	3	4	5
D	自分の希望する時間や場所で働けている	1	2	3	4	5
E	職場の人間関係が良い	1	2	3	4	5
F	地元で働けている	1	2	3	4	5
G	キャリアアップの機会がある	1	2	3	4	5
H	社会貢献が出来ている	1	2	3	4	5
I	自分の持つ経験やスキルを活かせている	1	2	3	4	5
J	組合員の役に立っている	1	2	3	4	5

Q20　あなたは，これまで地域活動（PTAや町内会など）やボランティア活動に参加したことがありますか，あるいは現在も参加していますか。
　1．役員などとして中心的に参加したことがある
　2．中心的ではないが，参加したことがある
　3．ほとんど参加したことがない
　4．活動自体を知らない・興味がない

Q21　あなたの生活についておうかがいします。あなたは以下の活動を，現在どの程度の頻度でして
　　　いますか。それぞれあてはまるもの1つに○をつけてください。

		ほぼ毎日	週に4，5日くらい	週に2，3日くらい	週に1日くらい	月に2，3日	月に1日	年に数日	まったくしない	該当する家族がいない
A	家事（料理，洗濯，掃除等）	1	2	3	4	5	6	7	8	
B	育児（子どもの世話，しつけ，勉強指導等）	1	2	3	4	5	6	7	8	9
C	介護（要介護家族の介護・看護）	1	2	3	4	5	6	7	8	9
D	地域活動やボランティア活動（PTA，町内会等）	1	2	3	4	5	6	7	8	
E	余暇活動（趣味，レジャー等）	1	2	3	4	5	6	7	8	

Q22　（配偶者（事実婚を含みます）のいらっしゃる方にお伺いします）家庭内での家事，育児，介
　　　護の役割のすべてを10割とすると，あなたは現在，そのうちの何割くらい分担していますか。

1．なし　　　　5．約4割　　　9．約8割
2．約1割　　　6．約5割　　10．約9割
3．約2割　　　7．約6割　　11．すべて
4．約3割　　　8．約7割

Q25　あなたの世帯の家計状況は，現在どのくらい余裕がありますか。

1．繰り越しができるぐらいの余裕がある
2．収支トントンである
3．貯金を取り崩すなどしないと，やりくりできない

Q26　次のA〜Nの意見についてあなたはどう思いますか。それぞれあてはまるもの1つに○をつけてください。未既婚や子どもの有無に関係なく，あなたの意見にあてはまるものを選んでください。

		そう思う	どちらかといえばそう思う	どちらともいえない	どちらかといえばそう思わない	そう思わない
A	男は外で働き，女は家庭を守るべきである	1	2	3	4	5
B	子育ての責任は母親がもつべきである	1	2	3	4	5
C	妻は家事に責任をもつべきである	1	2	3	4	5
D	できることなら仕事はもたず，専業主婦（主夫）でいたい	1	2	3	4	5
E	夫も家事に責任をもつべきである	1	2	3	4	5
F	家族の食事は愛情をこめてつくるべきである	1	2	3	4	5
G	家の中のことは，すべて自分でわかっているようにしておきたい	1	2	3	4	5
H	親は子どもにできるだけのことをしてやるべきである	1	2	3	4	5
I	子どもは母親の愛情がなければうまく育たない	1	2	3	4	5
J	子どもをかわいがることのできる親だけが，子どもをもつべきである	1	2	3	4	5
K	家事をするのはおもしろい	1	2	3	4	5
L	家事をすると気持ちがさっぱりする	1	2	3	4	5
M	子育ては楽しいことだ	1	2	3	4	5
N	子育てはやりがいのあることだ	1	2	3	4	5

Q28　性別
　1．男性　　2．女性

Q29　年齢
　　　　　　　　歳

Q30　勤続年数

［　　｜　　］年　［　　｜　　］カ月

（※現在勤務している生協に入職した時からの通算。入職後，就業形態の移動があった場合，移動前と後で通算。）

Q31　結婚の有無
1．既婚（事実婚含む）　　3．離別・死別
2．未婚　　　　　　　　　4．その他

［　］

Q32　同居家族の有無
1．いる
2．いない

［　］

Q33　（同居家族がいる方のみお答えください）同居家族の人数

(1)	配偶者（事実婚を含む）		人
(2)	子ども（未就学）		人
(3)	子ども（小学生，低学年・1〜3年）		人
(4)	子ども（小学生，高学年・4〜6年）		人
(5)	子ども（中学生）		人
(6)	子ども（高校生）		人
(7)	子ども（大学・専門学校など）		人
(8)	子ども（社会人など）		人
(9)	親		人
(10)	その他（　　　　　　　）		人

Q34　（配偶者（事実婚を含む）のいらっしゃる方のみお答えください）配偶者の職業
1．会社役員　　　　　　　　　　　　5．無業（主婦・主夫）
2．会社員（公務員）・フルタイム　　6．無業（退職・リタイア）
3．会社員（公務員）・パートタイム　7．その他（　　　　　　　）
4．自営業

［　］

Q35　近居の親（配偶者の親を含む）の有無
1．近居の親がいる　　　　　※「近居」とは，移動手段を問わずおおむね
2．近居の親はいない　　　　　30分以内で行ける距離をさします。

［　］

Q36　現在の住居
　1．持家―ローン返済中　　　5．社宅・寮
　2．持家―ローン返済なし　　6．親・近親者の家
　3．公営・UR 賃貸住宅　　　7．その他（　　　　　　）
　4．民間借家・アパート

Q37　あなた本人の昨年 1 年間の収入（副収入や年金収入なども含む）はいくらぐらいですか。また，
　　　配偶者の収入，世帯の収入はいくらぐらいですか。なお，配偶者がいない場合，配偶者年収は
　　　「1．収入はない」とお答えください。
　1．収入はない　　　　　　　6．300 ～ 400 万円未満　　　11．800 ～ 900 万円未満
　2．50 万円未満　　　　　　 7．400 ～ 500 万円未満　　　12．900 ～ 1000 万円未満
　3．100 万円未満　　　　　　8．500 ～ 600 万円未満　　　13．1000 ～ 1200 万円未満
　4．100 ～ 200 万円未満　　 9．600 ～ 700 万円未満　　　14．1200 ～ 1500 万円未満
　5．200 ～ 300 万円未満　　10．700 ～ 800 万円未満　　　15．1500 万円以上
　　　　　　　　　　　　　　　　　　　　　　　　　　　　16．わからない

（A）本人年収　　　　　（B）配偶者年収　　　　　（C）世帯年収
　　　　　（税込み）　　　　　　　（税込み）　　　　　　　（税込み）

Q38　あなたの片道の通勤時間は何分ですか。
　1．15 分未満　　　　　　　4．45 分～ 1 時間未満
　2．15 分～ 30 分未満　　　5．1 時間～ 1 時間 30 分未満
　3．30 分～ 45 分未満　　　6．1 時間 30 分以上

Q39　あなた本人の最終学歴（最後に卒業した学校，あるいは相当する学歴）を教えてください。
　　　また，配偶者がいらっしゃる場合，配偶者の最終学歴についてもお答えください。
　1．中卒　　　5．専門学校卒
　2．高卒　　　6．大卒　　　　　　　　　　　　　　本人の学歴
　3．高専卒　　7．大学院修了
　4．短大卒　　　　　　　　　　　　　　　　　　　配偶者の学歴

Q40　就業形態
　1．正規職員（限定なし）　　4．アルバイト職員
　2．正規職員（限定あり）　　5．その他（　　　　　　　）
　3．パート職員

Q41　（正規職員の方のみお答えください）正規職員として働き始めた時の入職経路
　1．定期（新卒）採用（学校卒業後すぐ入社）
　2．経験者採用（中途採用）
　3．内部登用

Q42　あなたの現在の生協での主な仕事を1つ選んでください。複数の仕事を兼務している場合は，
　　　最も時間の長いものを1つ選んでください。
　　1．店舗（農産）　　　　　　　　　　　9．宅配（営業・拡大）
　　2．店舗（水産）　　　　　　　　　　 10．宅配（配達）
　　3．店舗（畜産）　　　　　　　　　　 11．宅配（事務）
　　4．店舗（惣菜・ベーカリー）　　　　 12．宅配（出荷）
　　5．店舗（日配・デリカ）　　　　　　 13．宅配（共済）
　　6．店舗（チェッカー・レジ）　　　　 14．宅配（全体の管理業務：
　　7．店舗（ドライ・グローサリー）　　　　　　　特定の部門・職種はない）
　　8．店舗（全体の管理業務：　　　　　 15．その他（　　　　　　　　　）
　　　　　　特定の部門・職種はない）

Q43　あなたの生協での役職をお答えください。
　　1．店長・センター長クラス　　　　 3．チーフ・リーダークラス
　　2．副店長・副センター長クラス　　 4．役職にはついていない

Q45　（パート・アルバイト職員の方のみお答えください）あなたは，もともとパート・アルバイト
　　　で働くことを希望していましたか。
　　1．希望していた
　　2．希望していなかった

Q46　（パート・アルバイト職員の方のみお答えください）あなたは，正規職員になりたいですか。
　　1．なりたい
　　2．なりたくない
　　3．わからない

Q48　（パート・アルバイト職員の方のみお答えください）あなたは，パート・アルバイトとして昨
　　　年（平成29年）に就業調整（年収の調整や労働時間の調整）をしましたか。
　　1．就業調整をしている
　　2．年収，所定労働時間が要件に達していないため就業調整の必要がなかった
　　3．年収，所定労働時間が要件を超えているため就業調整の必要がなかった
　　4．その他（　　　　　　　　　　　　　　　　）
　　5．わからない

※上記に加えて，調査票の回収時に変数を作成しています。調査票は事業所別に回収しており，
　各事業所の事業部門・職種を入力しています。

　A1　事業所の事業部門・職種
　1．宅配事業
　2．店舗事業

執筆者紹介 (*編著者，執筆順)

佐藤博樹（さとう　ひろき）* 【序章，第2章】
1953年生まれ。一橋大学大学院社会学研究科博士課程単位取得退学。
現在：中央大学大学院戦略経営研究科（ビジネススクール）教授，東京大学名誉教授。
主著：
『ダイバーシティ経営と人材活用：多様な働き方を支援する企業の取り組み』（共編著），東京大学出版会，2017年。
『人材活用進化論』（単著），日本経済新聞出版社，2012年。
『ワーク・ライフ・バランスと働き方改革』（共編著），勁草書房，2011年。

小熊竹彦（おぐま　たけひこ）【第1章】
1960年生まれ。一橋大学社会学部卒業。
現在：公益財団法人生協総合研究所理事・事務局長

近本聡子（ちかもと　さとこ）【第1章】
1960年生まれ。早稲田大学大学院文学研究科博士後期課程単位取得退学。
現在：公益財団法人生協総合研究所研究員・立教大学兼任講師・法政大学大学院兼任講師
主著：
「地域子育て支援の新しい実現形態：初めての子育てを支える活動から市民の自治へ」『生協総研レポート』89号，61-66頁，2019年。
『〈食といのち〉をひらく女性たち』（共著），農山漁村文化協会，2018年。
『親が参画する保育をつくる：国際比較調査をふまえて』（共著），勁草書房，2014年。

島貫智行（しまぬき　ともゆき）【第3章】
1971年生まれ。一橋大学大学院商学研究科博士後期課程単位取得退学。一橋大学博士（商学）。
現在：一橋大学大学院経営管理研究科教授
主著：
「正社員と非正社員の賃金格差：人事管理論からの検討」『日本労働研究雑誌』701号，52-66頁，2018年。
「日本企業における人事部門の企業内地位」『日本労働研究雑誌』698号，15-27頁，2018年。
『派遣労働という働き方：市場と組織の間隙』有斐閣，2017年。

小野晶子（おの　あきこ）【第4章】
1968年生まれ。同志社大学大学院総合政策科学研究科博士後期課程単位取得退学。
現在：独立行政法人労働政策研究・研修機構主任研究員
主著：
『生涯現役を見据えたパラレルキャリアと社会貢献活動』（共編著），労働政策研究・研修機構，2019年。
『非正規雇用の待遇差解消に向けて』（共編著），労働政策研究・研修機構，2017年。

中村由香（なかむら　ゆか）【第 5 章】
1985 年生まれ。東京大学大学院教育学研究科博士課程単位取得退学。
現在：公益財団法人生協総合研究所研究員
主著：
『社会的セーフティネットの構築：アメリカ・フランス・イギリス・日本』（共著），日本青年館，
2019 年。
「生協の購買額が高い人はどのような人か？」『生活協同組合研究』483 号，32-38 頁，2016 年。

梅崎　修（うめざき　おさむ）【第 6 章，第 7 章】
1970 年生まれ。大阪大学大学院経済学研究科博士後期課程修了，博士（経済学）。
現在：法政大学キャリアデザイン学部教授
主著：
『大学生の内定獲得―就活支援・家族・きょうだい・地元をめぐって』（共編著），法政大学出版局，
2019 年。
『学生と企業のマッチング―データに基づく探索』（共編著），法政大学出版局，2019 年。
『労働・職場調査ガイドブック―多様な手法で探索する働く人たちの世界』（共編著），中央経済社，
2019 年。

平田未緒（ひらた　みお）【第 8 章】
1968 年生まれ。早稲田大学第二文学部社会学科美術専修卒業。
現在：株式会社働きかた研究所代表取締役
主著：
『なぜあの会社には使える人材が集まるのか―失敗しない採用の法則』PHP 研究所，2013 年。
『パート・アルバイトの活かし方・育て方―「相思相愛」を実現する 10 ステップマネジメント』PHP
研究所，2009 年。
『パートのやる気を 120％活かす法』ダイヤモンド社，2003 年。

ダイバーシティ経営と人材マネジメント
生協にみるワーク・ライフ・バランスと理念の共有

2020年2月5日　第1版第1刷発行

編著者　佐藤博樹

発行者　井村寿人

発行所　株式会社　勁草書房

112-0005 東京都文京区水道2-1-1　振替　00150-2-175253
（編集）電話 03-3815-5277／FAX 03-3814-6968
（営業）電話 03-3814-6861／FAX 03-3814-6854
本文組版 プログレス・理想社・中永製本

©SATO Hiroki　2020

ISBN978-4-326-50466-4　　Printed in Japan

＊落丁本・乱丁本はお取替いたします。
http://www.keisoshobo.co.jp

石田　浩 監修　格差の連鎖と若者

石田　浩 編
教育とキャリア
A 5 判　3,000 円
64882-5

石田　浩・佐藤博樹 編
出会いと結婚
A 5 判　2,800 円
64883-2

佐藤　香 編
ライフデザインと希望
A 5 判　2,800 円
64884-9

中澤　渉・藤原　翔 編著
格差社会の中の高校生
家族・学校・進路選択
A 5 判　3,200 円
60281-0

佐藤博樹・武石恵美子 編著
ワーク・ライフ・バランスと働き方改革
四六判　2,400 円
65360-7

佐藤博樹・武石恵美子 編
人を活かす企業が伸びる
人事戦略としてのワーク・ライフ・バランス
A 5 判　2,800 円
50314-8

勁草書房刊

＊表示価格は 2020 年 2 月現在。消費税は含まれておりません。